Zukunftssicherung

Impulse für Wege in eine stabile und positive Zukunft

Zukunftssicherung

Impulse für Wege in eine stabile und positive Zukunft

Bibliografische Information der Deutschen Nationalbibliothek

Die Deutsche Nationalbibliothek verzeichnet diese Publikation in der Deutschen Nationalbibliografie; detaillierte bibliografische Informationen sind im Internet über http://dnb.d-nb.de abrufbar.

ISBN 978-3-7664-9975-2

Im Vertrieb von: Jünger Medien Verlag + Burckhardthaus-Laetare GmbH, Offenbach

Herausgeber: GABAL e.V.

Lektorat: Anja Hilgarth, Herzogenaurach
Redaktion: Jünger Medien Verlag, Offenbach
Umschlaggestaltung: Martin Zech Design, Bremen, www.martinzech.de
Satz und Layout: ZeroSoft, Timisoara
Druck und Bindung: Salzland Druck, Staßfurt
1. Auflage 2023

www.juenger.de
www.gabal.de

Hinweis: Wenn aus Gründen der Lesbarkeit im Text kein geschlechtsneutraler Begriff bzw. die männliche Form gewählt wurde, beziehen sich die Angaben selbstverständlich gleichermaßen auf Angehörige aller Geschlechter.

Inhaltsverzeichnis

Grußwort
Von Andreas Bellof   7

Sonja Connert-Weiss
Superkräfte für Deutschland gesucht!   10

Dr. Johanna Dahm
Sind Sie VUKA-ready? Warum auch Führungskräfte wie
EntrepreneurInnen entscheiden sollten   22

Karl Drack
Unternehmenskultur – Zukunftssicherung   34

Ute Grandt
Wir Babyboomer sind das Problem   46

Dr. Anja Henke
Die Zukunft der deutschen Wirtschaft: Strategien der
Wachstumschampions   58

Marion Hermann
Gesundheit und Achtsamkeit in Führung und Management –
Zukunftskompetenz Achtsamkeit   74

Dr. Manuela Kramp
Die Zukunftsfähigkeit der Generationen   88

Thomas Krombholz
Herz und Seele eines Unternehmens sind die Menschen   102

Marion Masholder
Zukunftssicherung heißt Führungsexzellenz   114

Dr. Ingeborg Osthoff
Generation Z auf dem Arbeitsmarkt – Fluch oder Segen?   **126**

Dr.-Ing. Dirk Peters
17 Minuten – Zeit ist die Ressource der Zukunft   **134**

Maria Prinz, MSc
Mutig und begeisternd Neues wagen! So wird Zukunft gelingen!   **146**

Dr. Bernd Scharbert
Wege aus der Krise – Fünf Empfehlungen aus der Praxis   **156**

Nicola Schmidt
Wie viel Mensch sind wir in der Zukunft?   **166**

Christine Schmitt
Die beste Sicherheit für die Zukunft: Investiere in dich selbst   **176**

Sabine Steinbeck/Bettina Groetzki
Die Zukunft ist: weiblich und häufig in der zweiten Lebenshälfte!   **184**

Susanne Teister
Meine drei Werkzeuge zur Zukunftssicherung   **194**

Grußwort

Liebe Leserinnen und Leser,

die Zukunft – für die einen ein unendlicher Horizont voller Chancen, für andere eine eher bedrohliche Herausforderung. In einer Zeit, die mit zunehmender Geschwindigkeit durch stetigen Wandel, raschen Fortschritt und häufig auch unvorhersehbare Ereignisse geprägt ist, hat die Frage nach einer Absicherung der Zukunft für viele an zentraler Bedeutung gewonnen.

Wie können wir uns als Individuen, als Organisationen und in der Gesellschaft als Ganzes auf die kommenden Jahre und Jahrzehnte vorbereiten?

Welche Strategien, Technologien und Denkweisen können dabei helfen, eine stabile und prosperierende Zukunft zu gestalten?

Dieser Sammelband versammelt praxiserprobte Ideen, Gedanken und Erkenntnisse aus den unterschiedlichsten Perspektiven und Disziplinen. Gemeinsam bieten sie einen faszinierenden und inspirierenden Ansatz für die stabile Gestaltung einer Zukunft, die nicht nur sicher, sondern auch lebenswert ist.

Der Sammelband „Zukunftssicherung" soll nicht nur informieren, er soll auch Mut machen. Möge er dazu beitragen, dass wir die Zukunft nicht als Bedrohung, sondern als wertvolle Gelegenheit begreifen. Eine Zukunft, die es zu sichern und zu gestalten gilt.

In diesem Sinne wünsche ich nun viel Spaß und neue Erkenntnisse beim Lesen.

Andreas Bellof, Vorstandssprecher GABAL e.V.

© Stephanie Schick

Sonja Connert-Weiss

Sonja Connert-Weiss – Buchautorin und Gründerin von Connert-Weiss Consulting – stellt menschliche Verbindungen her und kombiniert die Themen „Diversity & Inclusion" auf einzigartige Weise.

„Führungskraft sein im digitalen Zeitalter" – das ist ein Teil ihres Beratungsangebotes seit vielen Jahren. Die von ihr entwickelte „EVA-Verknüpfung" schafft den Spagat zwischen Fokus Mensch und Smartphone-Zeitalter.

Als ausgebildete Wirtschaftsfachwirtin und Diversity-Managerin mit über 20-jähriger Führungserfahrung kennt sie starre, hierarchische Strukturen sowie viele neue Arbeitskonzepte. In ihren Vorträgen und Führungsseminaren verbindet sie aktuelles und grundlegendes Know-how mit einer Prise Humor.

„Beschwingt lernt sich's leichter" ist ihr Motto und die Quintessenz aus ihrem Leben. Das unterstreicht sie mit einem Augenzwinkern und einem Lächeln gekonnt. Als Mentorin fördert sie Start-ups im Bereich Barrierefreiheit und Gründer mit Behinderung.

Ihr großes Netzwerk von Premium-Unternehmern bringt sie auch als Repräsentantin im Präventionsverbund der Gesundheits-Strategen aktiv ein.

Als Visionärin arbeitet sie an einer Welt, in der Menschen motiviert lächelnd das Leben und die Arbeit verbinden.

www.connert-weiss-consulting.de
info@connert-weiss.consulting

Superkräfte für Deutschland gesucht!

Ganz überraschend hat uns in Deutschland der Arbeitskräftemangel erwischt. Eigentlich hatten wir doch alle gehofft, dass uns das nicht betrifft, oder? Insgeheim hatte jeder, vom Politiker bis zum kleinen Mann, gedacht, es würde schon eine Lösung vom Himmel fallen. Doch das war bedauerlicherweise ein Trugschluss.

Haben wir vielleicht unsere Bestellung nicht nachdrücklich und laut genug ins Weltall gesendet? Liegt es eventuell an dem schlechten Netzausbau oder den vielen Funklöchern? Oh ja, wir haben viele Baustellen in Deutschland, und manchmal sind die Informationen und Nachrichten leichter verdaulich mit einer Prise Humor – finde ich jedenfalls. Fakt ist: Die nachlassende Wirtschaftskraft des Standorts Deutschland ist in aller Munde, und es braucht dringend Lösungen.

Diese Lösungen dafür in den Sternen zu suchen, ist jedoch definitiv der falsche Weg. Denn Superkräfte fallen in der Regel nicht vom Himmel. Und die Chance, dass sie direkt auf einem Behördenstuhl landen, ist noch um ein Vielfaches geringer. Genau da wären wir bei meinen aus der Praxis gesammelten Erkenntnissen: Unsere potenziellen „Superkräfte" leben schon lange auf unserem Planeten und werden leider allzu oft noch übersehen.

Während meiner Behördentätigkeit habe ich viele Menschen beraten und begleitet, die aus dem Systemraster für einen Arbeitsplatz rausgefallen sind. Vorschnell und zum Großteil zu Unrecht, wie ich es empfunden habe. Arbeitskräfte mit Potenzial, das leider oftmals im Schatten blieb. Gründe dafür gibt es sicherlich viele. Viele Abläufe und Muster, sowohl die menschlichen als auch die unseres Bürokratiesystems, scheinen überholungsbedürftig zu sein. Durch Sicherheitsgedanken werden wir ausgebremst und insgesamt langsamer – bis hin zum Stillstand, der dann Rückschritt bedeutet. Deshalb bin ich eines Tages in die Selbstständigkeit gesprungen, ohne zu wissen, wo ich lande. Denn beim Dauerreden entstehen keine Veränderungen. Die entstehen durch Bewegung und einfach **M-A-C-H-E-N**.

Heute, zwei Jahre später, bin ich „Kräfte-Weckerin" für Menschen und Unternehmen, damit wir ab sofort wieder mehr Erfolgsstorys schreiben können. Ein wichtiger Beitrag, durch den wir dem Stellenbesetzungs-

Gejammer und dem Wirtschaftskrisenmodus ein Schnippchen schlagen. Wetten, dass ...?

Mein Fokus in diesem Buchbeitrag und in meinem täglichen Business liegt auf den unternehmerischen Themen. Denn ohne Arbeit existiert kein Leben, und ohne Leben bleibt der Erfolg im Job aus. Oder irre ich mich?

Mein Praxis-Slogan hierzu ist: „Vielfalt belebt die Geschäfte." Wer bitte wünscht sich nicht, dass der Euro mal wieder richtig rollt? Über das Schlagwort „Vielfalt" kommen wir automatisch zu „Diversity & Inclusion". Doch was bedeutet dies wirklich in der Praxis? Genau diese Übersetzung hat mir die letzten Jahre häufig gefehlt. Scheinbar geht es vielen Unternehmern ähnlich. Denn Frust über einen Trend macht sich dann breit, wenn wir das Gefühl haben, ein scheinbar belangloses Thema werde übertrieben. Laut meiner Erfahrung aus Kundengesprächen gibt es zu Diversity & Inclusion vor allem eine Frustration darüber, dass irgendwelche Studien und große Consultingunternehmen ihre Theorieaufgaben akribisch genau gemacht haben und praktikable Lösungen, vor allem für Kleinunternehmen, immer noch fehlen. Meiner Meinung nach brauchen wir zur Trendwende nicht die nüchternen Zahlen und Theorien, sondern eine Sprache, die bewegt. Geschichten direkt aus unserem Leben. Ich kenne viele davon aus meiner Berufspraxis und teile gerne die bewegendsten Momente mit Ihnen in diesem Buch. Ich setze darauf, dass diese Erlebnisse und Erfahrungen mehr Steine ins Rollen bringen als blanke Statistiken.

Lassen wir also einfach einige meiner gesammelten Geschichten für sich sprechen. Jede Geschichte steht für einen Buchstaben des Wortes „M-A-C-H-E-N".

Eine kaufmännische Ausbildung im Büro ohne Arme? Unmöglich!

Von Geburt an ohne Arme zu sein, etwas ganz Besonderes zu sein, das sichtbar „Anders-Sein", das ist sicherlich nicht immer leicht. Ich begleitete eine Zeit lang eine junge Frau, die ohne Arme geboren wurde. Als sie mir beim ersten Treffen von ihrem Berufswunsch – einer kaufmännischen Ausbildung – erzählte, hoben sich im ersten Augenblick meine Augenbrauen. Doch dann erzählte sie mir mit sichtlich bewegter Stimme von sich und ihren Träumen, und ich hörte einfach aufmerksam zu.

„,Du hast keine Chance', sagten mir viele Menschen während der Schulzeit", erzählte sie mir, und ihre Stimme brach. Doch sie war ehrgeizig und brachte sich deshalb selbst das Schreiben auf einer PC-Tastatur bei. Ihre Zeugnisse waren nur mittelmäßig, doch sie wollte unbedingt eine Büro-Ausbildung machen. So hatte sie unzählige Bewerbungen geschrieben, an verschiedene Behörden, große Unternehmen und öffentliche Verwaltungen – aber von überall flatterten die Absagen ins Haus. Bis ihre Familie über eine Bekanntschaft den Tipp mit der Rechtsanwaltskanzlei bekam. Sie bewarb sich dort, hatte Glück und wurde zum Vorstellungsgespräch eingeladen.

Als sie in Begleitung ihres Vaters das Büro betrat, überzeugte sie vor allem auch durch ihr sonniges Wesen und ihre Persönlichkeit, die so viel Zufriedenheit und Zuversicht ausstrahlt. Sie begann dort ihre Ausbildung und wurde vom Team herzlich begleitet.

Ihren Traum hat sich die junge Frau mit sehr viel Vorarbeit und Engagement selbst erfüllt. Ich werde mich immer daran erinnern, als ich ihr bei unserem letzten Treffen beim Tastatur-Tippen über die Schulter blicken durfte. Das war eine faszinierende und einprägsame Momentaufnahme für mich.

Fazit 1: Wir brauchen unternehmerischen **Mut** – das „M" in M-A-C-H-E-N.

„Inklusion", das ist ein Wort, das wenig Begeisterung weckt. Die Diskussionen darüber, was das eigentlich bedeutet, finden nicht nur in Deutschland, sondern in ähnlicher Form im ganzen D-A-C-H-Raum statt. Bei meiner Recherche bin ich im YouTube-Kanal einer Schweizer Institution – „Blindspot Inklusion" – fündig geworden. Ihr Slogan: „Inklusion sexy machen? Dafür brauchen wir Deine Hilfe."[1] Klingt gut, finde ich, jedoch ist mir durchaus bewusst, dass es dazu mehr Sensibilisierung braucht. Deshalb finde ich die folgende Erklärung des Begriffes von „Aktion Mensch" sehr schön: „Inklusion – jeder Mensch gehört einfach ganz

---

[1] Blindspot Inklusion und Vielfaltsförderung Schweiz: https://www.youtube.com/watch?v=oBRzkRdCbGw [02.07.2023]

natürlich dazu. Egal wie du aussiehst, welche Sprache du sprichst oder ob du eine Behinderung hast."[2] Wenn wir uns das auf der Zunge zergehen lassen, betrifft es alle Menschen. Denn „Behinderung" ist nur eines von vielen Merkmalen, was uns als Menschen ausmacht. Wir sind so viel mehr. Jeder kann unvorstellbar viel selbstständig bewegen.

Und das führt uns zu meiner nächsten Story, denn ich lese immer wieder: „Wir brauchen mehr mutige Gründer in Deutschland."

Für Menschen mit Lernbehinderung sind nur Hilfsjobs möglich! Echt jetzt?

Seit 2022 bin ich als Mentorin für Start-ups tätig für Menschen mit einer sichtbaren oder versteckten Behinderung. Im letzten Dezember war ich auf der Startveranstaltung und habe spannende Menschen und geniale Ideen kennen gelernt. Eine zündende Idee ist sogar bei den Special Olympics gelandet: in Form eines charmanten jungen Mannes, der jede Menge sportlichen Wissens- und Kampfgeist bewiesen hat.

Louis erzählte mir bei einer Tasse Kaffee von seiner Lernbeeinträchtigung, die bei seiner Geburt entstanden war. Das Lesen, Schreiben und Lernen war ihm schon immer schwergefallen. Doch dadurch konnte er einen besonderen Blick für Barrieren entwickeln und schloss seine IT-Ausbildung mit „sehr gut" ab. 2021 gründete er sein eigenes Unternehmen, um die digitale Welt für alle Menschen zugänglicher zu machen.

Ein junges Talent, das gerade wegen seiner Behinderung viele Innovationen anstößt, die für Nicht-Betroffene unsichtbar sind. Vermeintliche Schwächen in besondere Stärken zu wandeln, das hat er für sich gelernt und bewegt mit seinen Interviews Menschen auf vielen Kanälen und regt zum Nachdenken und Umdenken an. Ich sehe dies als die große Kunst an und wertvolle Eigenschaft bei der Neugestaltung einer nachhaltigen und inklusiven Welt.

2023 gingen für Louis viele Träume in Erfüllung, für die er sich mächtig ins Zeug gelegt hatte. „Es war eine unglaubliche Ehre, die Pressekonferenz vor der Eröffnungsfeier der Special Olympics World Games 2023 in Berlin zu moderieren", verkündete Louis stolz in einem LinkedIn-Post.

---

[2] Webseite von Aktion Mensch: https://www.aktion-mensch.de [02.07.2023]

Dass er Basketball-Superstar Dirk Nowitzki interviewen konnte, war wohl ein besonderes Highlight für beide!

> **Fazit 2:** Sensibilisierung und Empathie fördert unsere **Akzeptanz** – das „A" in M-A-C-H-E-N.

Akzeptanz ist eine wunderbare Überleitung zur nächsten Story – unter der Rubrik „Führung und Verantwortung übernehmen". Menschen in leitenden Positionen haben eine besondere Aufgabe, und dieser habe ich mich damals gerne gestellt.

Inklusion betrifft Führungskräfte nicht! Wie bitte?

Mit Anfang 30 habe ich als Führungskraft automatisch etwas richtig gut gemacht, ohne es zu wissen. Was das war? Ich habe auf meine Intuition gehört, auf die Menschen. Ich habe das Potenzial durch das Leuchten in den Augen gesehen und eine Entscheidung getroffen. Bin ich damit als Führungspersönlichkeit ein Risiko eingegangen? Vermutlich beantworten sehr rational eingestellte Menschen diese Frage mit „ja" und ignorieren ihre Intuition.

Ich habe darauf gehört und danach gehandelt. Vor 20 Jahren übernahm ich ein Team aus 25 Mitarbeiterinnen und wuchs in die Führungsrolle hinein. Zwei Jahre später hinterfragte ich folgende informelle Regel im Unternehmen kritisch, da ich den Sinn nicht erkannte: „Wir stellen möglichst keine Schwerbehinderten ein." Warum denn nicht?

Mein Aha-Erlebnis: Ich hatte drei Bewerbungen auf dem Tisch und führte drei Vorstellungsgespräche. Eine Bewerberin eröffnete mir im Gespräch, dass sie ihre Krebserkrankung und -therapie überstanden habe und einen Schwerbehindertenausweis besitze. Sie wollte jedoch sehr gerne wieder arbeiten und konnte sich genau diesen Job im Kundenservice vorstellen. Ich sah ihr Potenzial und ihren Willen; der Probearbeitstag zum „Reinschnuppern" verlief unkompliziert, in jeder Hinsicht. Nachdem ich meinem Chef begeistert von ihr erzählt hatte, willigte er ein. Allerdings mit der Ergänzung, dass ich das Risiko von erhöhten Personalkosten mitbedenken sollte! Ich stellte sie ein und wir hatten drei sehr gute Jahre. Jahre, in denen ich persönlich und mein Team mit ihr zusammengewachsen sind. Leider kam die Krebserkrankung zurück und wir mussten uns von dieser Mitarbeiterin verabschieden – am Grab.

Trotzdem habe ich meine Entscheidung, sie eingestellt zu haben, nie bereut! Alle Menschen, die mit ihr gearbeitet haben, haben von ihr viel lernen können, von ihrer Lebensgeschichte und ihrer Lebenslust bis zum letzten Atemzug. Beim offenen Umgang mit dem Tod dürfen wir alle noch etwas dazulernen.

Die Befürchtung meines Chefs, dass Schwerbehinderte immense Zusatzkosten verursachen, ist nicht eingetreten. In diesem Fall haben wir sogar Mehrumsatz durch Menschlichkeit erzielt! Deshalb: Seien Sie mutig und trauen Sie sich, Formalien und Regeln zu hinterfragen!

Doch wie komme ich auf die Idee zu hinterfragen? Woher kommt der Mut dazu? Nur wenn wir das Gefühl eines absoluten Vertrauensverhältnisses haben, können wir sicher neue Wege gehen. In Fachkreisen wird dies als „Psychologische Sicherheit" bezeichnet und ist unerlässlich für eine hochwertige Teamarbeit.

Fazit 3: Klug eingesetzte Führungs-Kraft eröffnet neue **Chancen** – das „C" aus M-A-C-H-E-N.

Und als Türöffner für neue Chancen ist mein Empathie-Check hilfreich.

Als Mentorin tätig zu sein, hat einen hohen Stellenwert für mich und bildet einen wichtigen Anteil meines Unternehmenserfolgs. Zusätzlich sehe ich darin die optimale Beratungsergänzung für Gespräche mit meinen Sparringspartnern und bereichere meine Führungsvorträge und -seminare.

Immer wieder werde ich genervt gefragt: „Braucht's das jetzt wirklich?" Meine Antwort ist meistens: Ja – JA zu einem Mentoring in vielen Lebenslagen und verschiedenen Lebensabschnitten. Warum, das erfahren Sie in der nächsten Geschichte – diesmal aus der Automobilindustrie.

FRAGEN-CHECK EMPATHIE

 Wie geht es dem Menschen, meinem **Gegenüber**?

 Weshalb geht es dem Menschen, meinem **Gegenüber**, gerade so?

 Wie reagiere **ICH** als Mensch darauf?

 Wie wird der Mensch, mein **Gegenüber**, reagieren?

Erfolgsschlüssel nutzen!

Schwerbehindert will ich nicht sein! Wirklich nicht?

Stellen Sie sich einen gut gebauten Mann Mitte 40 vor. Er hat eine Ausbildung in der Automobilbranche absolviert, mit vielen Zusatzqualifikationen, und brennt nach wie vor für alles, was viel PS unter der Haube hat. Er setzt jede Menge Energie für innovative Projekte ein. Den internationalen Rahmen seines Jobs genießt er besonders und ist immer vorne mit dabei. Dann kommt der große Knall! Er wacht im Krankenhaus auf, und nichts ist wie zuvor.

Klinik, Dauer-Krankmeldungen und die Nachricht, dass sein bisheriger Job für ihn nie wieder möglich sein wird, werfen ihn frustriert vollkommen aus der Bahn. Das Hin und Her mit der Krankenkasse und der ganze Behördenkram – für ihn türmt sich ein Hindernis nach dem anderen auf. Eigentlich will er nur wieder arbeiten, doch die medizinische Rehaklinik bescheinigt ihm eine „verminderte Leistungsfähigkeit". Aber ein Schwerbehindertenausweis kommt für ihn nicht infrage! „Geht gar nicht. Ich will keinen Stempel auf der Stirn tragen", sagt er. Doch die unzähligen Behördengänge und miesen Jobaussichten nerven ihn. Das kann doch noch nicht sein Leben gewesen sein?

Da liest er zufällig eine Stellenanzeige und kann es kaum glauben: Genau das ist es! Aber: „Mist!" Um sich für diese Stelle zu bewerben, ist ein Schwerbehindertenausweis nötig. Kurze Überlegung, dann fällt seine Entscheidung: „Dafür habe ich den Wisch gern beantragt", erzählte er mir in einer kleinen Inklusions-Gesprächsrunde.

Er hatte damals niemanden, der ihn auf seinem Weg begleitete; er hat sich alleine durchgekämpft. Es war eine echt harte Zeit für ihn. Deshalb unterstützt er heute als Mentor andere Menschen, die eine Krankheit aus dem Leben wirft. Seine Geschichte erzählt er nur in gesicherten Kreisen. Er ist immer noch ein Macher!

Jeder kann eine Erfolgsstory schreiben! Mit einem Mentor an der Seite ist es sicherlich etwas leichter!

> **Fazit 4:** Mentoring ist eine Sache der persönlichen **Haltung** – das „H" in M-A-C-H-E-N.

Mentoring – eine passende Überleitung zu der nächsten Geschichte. Was können wir uns leisten beziehungsweise nicht mehr leisten? Wie lange können wir es uns gesellschaftlich noch erlauben, auf diese treibenden Kräfte zu verzichten? Gar nicht mehr: Das können wir uns wirtschaftlich absolut nicht mehr leisten!

Sehbehindert? Das geht auch ohne Behinderung!

„Es reicht jetzt!" – das waren die ersten Worte zu Beginn unseres Gesprächs. Und dann wurde ein Berg voll Frust auf meinem virtuellen Schreibtisch abgeladen. Das gehört zu meinem Job als Beraterin, Mentorin und Business-Coach: Hinhören, sortieren und visualisieren. Ja, klingt vielleicht erstaunlich, aber das kann ich auch mit sehbehinderten Menschen!

So wie mit diesem sehbehinderten Kunden: Ein hochqualifizierter Mitarbeiter Anfang 40. Tätigkeitsfeld im Controlling, blieb nach der Ausbildung direkt im Unternehmen und entwickelte sich dort kontinuierlich weiter. Gerade war er zum dritten Mal intern abgelehnt worden mit seiner Bewerbung um eine ausgeschriebene Führungsposition. Andere waren wieder mal besser geeignet. Mein Blick und meine kritische Frage: Auf welcher Seite gab es tatsächlich die Sicht-Behinderung?

Wir haben zusammen gearbeitet und er hat seine Entscheidung getroffen: Arbeitgeberwechsel nach so vielen Jahren, trotz seiner Sehbehinderung. Er hat sich im neuen Unternehmen sehr gut eingelebt, selbst unter ungünstigen „Corona-Startbedingungen". Seine persönlichen und fachlichen Qualifikationen werden dort anerkannt und sehr geschätzt.

Verlustrechnung des „alten" Unternehmens: ca. 200.000 € (250 % des Jahresgehaltes – berechnet nach Daten[3]). Den Gewinn des jetzigen Unternehmens kann sich gerne jeder Lesende selbst ausrechnen oder ausmalen!

Wie wäre es also mit: Augen auf für all die Potenziale, die Sie aktuell in Ihrem Unternehmen links liegen lassen oder gar zur Kündigung bewegen? Wie viele Verluste nehmen Sie noch in Kauf? Als Unternehmerin, als Entscheider, Führungspersönlichkeit, Kollege oder einfach als Mensch?

Fazit 5: Unser Zukunftsertrag steigt durch persönliches **Engagement** – das „E" in M-A-C-H-E-N.

All diese Lebensgeschichten sind Beispiele dafür, wie durch persönliche Begleitung und das empathisch-wertschätzende Aufeinander-Achten nicht nur individuelle Erfolge möglich werden, sondern in einer ganzen Branche positive Veränderungen ihre Wirkung entfalten.

Superkräfte für Deutschland – gefunden!

Die Superkraft dieser Menschen bestand darin, Hindernisse zu überwinden und Leidenschaft in eine treibende Kraft für neues Denken, Handeln und Innovationen zu verwandeln. Chancen, die wir dringender denn je brauchen.

Diese Superkräfte existieren nicht nur in der Fantasie, denn diese Menschen leben schon mitten unter uns. Indem wir Barrieren abbauen,

---

[3] Bezugsquellen von Daten im Internet: Entwicklung des Arbeitsmarktes und Prognosen: www.statista.com; Statistiken der Arbeitsagentur der Bundesrepublik Deutschland: https://statistik.arbeitsagentur.de.

Vielfalt und Inklusion fördern, mutig hinterfragen und uns gegenseitig unterstützen, können wir die Superpower in uns und anderen entdecken und nutzen. Gemeinsam werden wir Deutschland dadurch stärken und die Herausforderungen der Zukunft sicher meistern. Es liegt an uns, aktiv und mit offenen Augen nach den Supertalenten zu suchen und sie zu fördern.

Denn letztendlich sind es die Menschen, die mit ihren Ideen, ihrem Engagement und ihrer Vielfalt die Zukunft gestalten können. JETZT ist der beste Zeitpunkt dafür. Die Frage ist nicht, wo sie sich versteckt haben, sondern wie wir sie gemeinsam zum Vorschein bringen können.

Fazit 6: Die genialsten Ideen stehen durch eine gesunde **Neugier** – das „N" in M-A-C-H-E-N.

Lasst uns mutig und neugierig sein, Veränderungen vorantreiben und dadurch sämtliche Potenziale in uns und anderen entfesseln. Gemeinsam können wir eine bessere Zukunft gestalten, mit einem viel höheren Lebenszeit-Gewinn.

Veränderungen entstehen durch das Zusammenspiel meiner 6 Fazits: Einfach **M-A-C-H-E-N!**

Welchen persönlichen Einsatz ist Ihnen der Zukunftserfolg wert?

© Dominik Pfau

Dr. Johanna Dahm

Johanna Dahm studierte 1995 bis 1999 Kultur-, Kommunikationswissenschaften und Wirtschaftsphilosophie in Heidelberg, Florenz und Köln und promovierte dann 2002 mit Unterstützung eines Stipendiums der Studienstiftung an der Universität zu Köln. Noch vor dem Abschluss gründete sie 2001 mit Venture Capital von Henkel KGaA ihr erstes Unternehmen, die Unternehmensberatung Skylight GmbH. Sie galt damit als eine der Vorreiterinnen für webbasierte Personal-Auswahl und -Entwicklung.

2006 verkaufte sie das Start-up an ihre Mitarbeitenden, wechselte zur Managementberatung Accenture, 24 Monate später ins Top-Management des Pharma- und Health-Care-Unternehmens Novartis AG. Berufsbegleitend absolvierte sie ihren MBA und die Business Coaching Ausbildung. Nach Auslandsaufenthalten in der Schweiz, USA, Indien, Skandinavien und mehreren Wechseln innerhalb der Organisation kehrte sie aus familiären Gründen nach Deutschland zurück und gründete 2015 die Dahm International Consulting.

Seitdem unterstützt die Management-Beraterin vom Start-up bis zum Konzern Menschen und Organisationen in Entscheidungsprozessen sowie im Business Development. Seit Karrierebeginn hatte sie international Führungs-, Personal-, Projekt- und Teamverantwortung. Die ausgebildete Strategieberaterin initiiert Forschungsprojekte mit Hochschulen, Think Tanks, hält Seminare und Keynotes, um im engsten Austausch mit allen Stakeholdern zu bleiben. Die Einnahmen aus den Büchern der mehrfachen Bestseller-Autorin und Herausgeberin kommen dem Umweltprojekt *TheOceanCleanUp* zur Befreiung der Flüsse und Meere von Plastikmüll zugute. Johanna wurde für ihre bisherige Arbeit mit dem Global Leader Award 2015, dem International Female Professional Award 2020, dem Business Award 2022 und dem Top Experten Award 2020–2023 ausgezeichnet.

kontakt@drjohannadahm.com, www.entscheidung.info

Sind Sie VUKA-ready? Warum auch Führungskräfte wie EntrepreneurInnen entscheiden sollten

Lassen Sie mich zu Beginn das Ihnen Bekannte, uns allen nicht gerade Angenehme als Rahmen setzen: Die heutige VUKA-Welt trägt darum ihren Namen, weil sie sich durch Volatilität, Unsicherheit, Komplexität, Ambiguität auszeichnet. Und war es ehedem schon nicht einfach, ein Projekt oder ein Unternehmen, ein Team oder Menschen zum Erfolg zu führen, so machen es diese vier Faktoren aufgrund ihrer Unberechenbarkeit und Synchronizität fast unmöglich.

Konkret bestehen die Herausforderungen in folgenden Aspekten: Unternehmen müssen noch schneller auf Veränderungen reagieren und gleichzeitig eine noch klarere Vision für die Zukunft haben. Führungskräfte sollten daher in der Lage sein, noch passendere Entscheidungen zu treffen – so weit die Theorie.

Mit dem Phänomen des Entscheidungen-Treffens beschäftigen wir uns nicht erst seit VUKA und auch nicht erst, seitdem das Zukunftsinstitut unter Matthias Horx das Jahr 2021 zum „Jahr der Entscheidung" erklärt hat.[1] Doch ist seitdem Bewegung in die Diskussion und auch in die Studienlandschaft zum Zusammenhang von Führung und Entscheidung gekommen. Auch mein Haus hat sich intensiv damit beschäftigt.[2] Dabei wurde weniger wirklich Neues gesagt als vielmehr an alte Tugenden erinnert: nämlich dass eine wesentliche Eigenschaft von Führungskräften überhaupt die Fähigkeit sei, Entscheidungen zu treffen und damit auch für deren Resultate Verantwortung zu übernehmen, Risiken einzugehen und deren Konsequenzen zu akzeptieren. Das erfordere Mut und Selbstvertrauen, aber eben auch eine klare Analyse der Situation und eine objektive Bewertung der eigenen Person, des Potenzials ebenso wie der verfügbaren Informationen. So weit auch nichts Neues.

Neu aber, und damit durchaus Aufmerksamkeit auslösend, ist die 2018 getroffene Erkenntnis, dass Führungskräfte in Konzern und ebenso im

---

[1] https://www.zukunftsinstitut.de/artikel/zukunftsreport/2021-das-jahr-der-entscheidungen/

[2] https://www.focus.de/finanzen/karriere/weil-manager-sich-nicht-entscheiden-koennen_id_13289481.html

Mittelstand gar keine Entscheidungen treffen wollen: Zumindest neun von zehn geben offen zu, dass aufgrund der Leistungs- und Fehlerkultur, mangelnder Absicherung oder auch schlicht mangelnden „How-tos" Entscheidungen nicht ihre Stärke seien und sie sich darum lieber drücken, Entscheidungen aufschieben bzw. prokrastinieren. Die Unternehmensberatung Boston Consulting Group (BCG) nannte das in einer hauseigenen Studie bereits die „Manager-Müdigkeit".[3] Die Polykrise seit Covid-19 hat diesen Trend nochmals verschärft: Auch Menschen, die zwar für eine Führungs- oder Managementposition qualifiziert sind, diese aber noch nicht innehaben, halten diese gar nicht erst für erstrebenswert: 90 Prozent entscheiden sich lieber gegen einen Beruf mit Verantwortung oder eine berufliche Laufbahn mit Entscheidungsgewalt. Das bedeutet eine Verdreifachung innerhalb von nur rund zehn Jahren: Im Jahr 2009 gaben nur 29 Prozent an, bei wichtigen Entscheidungen überfordert zu sein, 2015 waren es bereits 73 Prozent.[4] Was hochgerechnet bedeuten würde: Zöge diese Generation in die Führungsetagen deutscher Unternehmen ein, reduzierte sich die Entschlusskraft und damit die Handlungsfähigkeit weiter drastisch. Was unterm Strich und mit den Worten des Ökonomen Joseph Schumpeters gesprochen hieße: noch weniger Innovationskraft, Persönlichkeit und Geisteshaltung, noch mehr Unternehmensverwalter, die sicher nicht mittels Erfindungen und Innovation den Wettbewerbsvorteil erreichen, den wir brauchen.

Was sind eigentlich Entscheidungen und was macht Entscheiden so kompliziert?

Entscheidungen zu treffen, ist eine Königsdisziplin. Liest man die zuvor genannten Zahlen, könnte man etwas ketzerisch vermuten, dass es gerade unter Entscheidungsbefugten nicht viele Könige gibt. Weil EntscheiderInnen im Berufsleben, also GeschäftsführerInnen und Führungskräfte, nicht gern entscheiden. Aber ist das ein fairer Rückschluss? Treffen Sie gern Entscheidungen? „Klar", mögen Sie sagen, „wenn ich denn auch tatsächlich die Gewissheit habe, dass ich gut und richtig entscheide."

---

[3] https://www.zeit.de/news/2019-09/21/mitarbeiter-haben-keine-lust-auf-arbeit-im-management?utm_referrer=https%3A%2F%2Fwww.google.com%2F

[4] https://www.macromedia-fachhochschule.de/de/hochschule/ueber-uns/news/entscheidungstypologien-von-studierenden-umfrage-der-hochschule-macromedia/

Und damit sind wir beim eigentlichen Thema: Was sind denn wirklich gute Entscheidungen? Und welche Folgen hat es für die Praxis, wenn EntscheiderInnen aus Sorge, nicht gut bzw. richtig zu entscheiden, lieber gar nicht entscheiden? Und was bedeutet das im Unternehmensalltag?

1. Zu entscheiden bedeutet, *aus mindestens zwei potenziellen Handlungsalternativen genau eine*, die nämlich adäquate, auszuwählen.
2. Eine Entscheidung muss *innerhalb eines gewissen Zeitrahmens* und möglichst schnell getroffen werden.
3. Eine Entscheidung *geht notwendigerweise einer Handlung*, der Umsetzung, *voraus* – und genau davor scheuen sich die meisten Führungskräfte, nämlich besagte 90 Prozent. Im Grunde ist es weniger die Entscheidung selbst als vielmehr deren Konsequenzen, die Stress auslösen.[5]

Das viel spannendere Resultat der BCG Studie ist, dass EntscheiderInnen größte Schwierigkeiten haben, in Stress-, Druck- und vor allem in der Komplexität von Krisensituationen einen kühlen Kopf zu bewahren. Entscheidungen werden als eine enorme Bürde empfunden, die eine kritische Distanz zu akuten Problemfeldern nicht mehr zulässt: Die Abwehrhaltung trübt den rationalen Blick; eine Entscheidung wird zunächst aufgeschoben und später dann aus der Zeitnot, impulsiv und unter Druck doch getroffen. Hinterher sprechen viele von „intuitiven Entscheidungen", doch ist das nicht ganz korrekt: Intuitiv wurde aufgeschoben, entschieden aus selbst kreiertem Zeitdruck.[6] Wie kann Entscheiden unter Druck in volatilen Zeiten und Krisen besser funktionieren?

Entscheiden gehört zum Alltag

Viele VerhaltensforscherInnen, darunter auch Ruth Chang, beschäftigten sich mit diesem Phänomen und untersuchen die Frage, was es bedeutet, unter Druck schwierige Entscheidungen zu treffen.[7] Als schwierige

---

[5] Dahm, J. Die Entscheidungsmatrix. Besser fühlen, klar denken, einfach entscheiden. Heidelberg 2021.

[6] Zu den erhöhten Kosten und Projektdefiziten, die aus mangelndem Umgang mit Komplexität resultieren, vgl. https://www.portalderwirtschaft.de/pressemitteilung/371630/dr-johanna-dahm-wie-unternehmen-ueberfluessige-beraterkosten-sparen-koennen.html

[7] Vgl. dazu Dahm, J. (Hrsg.): Atlas der Entscheider 3 – Entscheiden wie die Profis: Umgang mit Dynamik, Komplexität und Stress. Münster 2023.

Entscheidung betrachtet sie zum Beispiel die anstehende Berufswahl, die Entscheidung für einen Partner bzw. eine Partnerin oder eben auch diverse Führungsentscheidungen unter besonderen Umständen (Fusionen, finanzielle Restriktionen, Personalknappheit etc.). In all ihren Studien beobachtet sie, dass die Herangehensweise an Entscheidungen stets dieselbe ist. Das Sprichwort „Äpfel nicht mit Birnen vergleichen" beschreibt etwa dasselbe: Menschen versuchen oft, ungleiche Alternativen gegeneinander abzuwägen. Dabei nutzen sie Zahlen oder andere vordergründig logisch erscheinende Hilfsmittel: „Seit der Aufklärung denken wir, dass Logik und Wissenschaft Schlüssel zu jedem Problem seien", fasst Chang zusammen.[8] Was dem Entscheider dabei in die Quere käme, seien die stets selben drei normativen Aussagen:

- Alternative A ist besser als Alternative B.
- Alternative A ist schlechter als Alternative B.
- Alternative A ist genauso gut wie Alternative B.

Häufig stellen wir laut Chang nach reiflicher Überlegung – nach vermeintlich objektiven Gesichtspunkten und intensivem Nachdenken – fest, dass die Entscheidung für die beste Alternative gar nicht immer möglich ist, weil es diese schlicht nicht gibt („there *is* no best alternative"). Bedeutet: Trotz allen Bedenkens, Abwägens etc. und trotz der eigenen Unentschlossenheit sind EntscheiderInnen zur Wahl einer Alternative, die weder besser noch schlechter ist, gezwungen und sollen sie binnen eines gesetzten Zeitraums in die Tat umsetzen. Denken Sie jetzt gerade an die Entscheidung zwischen zwei BewerberInnen, denen Sie doch nicht hinter die Stirn gucken können, die auf dem Papier aber gleich qualifiziert sind? An die Wahl des neuen Handytarifs, der sich in nichts vom alten unterscheidet? Warum dann überhaupt etwas ändern? Warum die KandidatInnensuche nicht noch etwas verschieben? Vielleicht können Sie ja die Stelle einsparen? Jetzt sprechen Sie mit Chang eine Sprache.

---

[8] Anstelle der wissenschaftlichen Literatur sei hier verwiesen auf den TED Talk, den Ruth Chang 2014 hielt: https://www.ted.com/talks/ruth_chang_how_to_make_hard_choices?language=de

Entscheiden ist Handeln trotz Zweifel und Angst

Im schmalen Verhältnis 1:9 zeichnen sich EntscheiderInnen also durch eine besondere Geisteshaltung (neudeutsch: Mindset) aus. Diese hilft ihnen dabei, außergewöhnlich gut mit Unsicherheit und Risiken umzugehen und in Entscheidungen trotz dieser Unwägbarkeiten einen Weg zu unternehmerischem Erfolg zu sehen. Diese Tendenz hat Joseph Schumpeter bereits vorweggenommen, der stets anklagte, dass im Unternehmen zwar Managementfähigkeit im Sinne des Verwaltens ausgebildet, jedoch keine besondere Innovationskraft oder Persönlichkeit gefordert bzw. gefördert würde, die die Entschlusskraft mit einbinde.[9]

Schumpeter will Entrepreneurship nicht im Sinne des Daniel Düsentrieb mit Erfindertum verwechselt wissen. EntrepreneurInnen erfinden nicht, sondern setzen Bestehendes durch Neuordnung und analytisches Verständnis des Marktes in erfolgreiche Innovationen um. Entrepreneurship ist ein dynamischer Prozess, der Bestehendes auf den Prüfstand stellt, funktionierende und überkommene Geschäftsmodelle gegen konzeptionelle Business Models abwägt, neu arrangiert und in Innovationen überführt. Was setzt das voraus? Was bedeutet Entrepreneurship eigentlich?

Entrepreneurship im Unternehmen

Entrepreneurship bedeutet, dass man neue Ideen entwickelt, Risiken eingeht und Veränderungen vorantreibt, weil ein Wettbewerbsvorteil verteidigt werden will. Vielleicht muss ein neuer Vorteil gefunden werden oder ein Unternehmen muss sich neu positionieren. *Entscheiden ist das grundlegende Denkprinzip der EntrepreneurInnen*, das auch von „normalen" ManagerInnen erlernt und umgesetzt werden kann.

Entrepreneurship bedeutet Hingabe zur Veränderung und Innovation als genuinem *Bestandteil der unternehmerischen Vision*. ManagerInnen dürfen sich von der Haltung des Verwalters verabschieden und sich die klare Vision, die Führungspersönlichkeit aneignen, die in der Lage ist, Mitarbeitende zu stetem Wandel zu inspirieren und zu motivieren.

---

[9] Freiling, J., Harima, J. (2019). Entrepreneurship. In: Entrepreneurship. Springer Gabler, Wiesbaden, S. 7–28.

Entrepreneurship bedeutet Risikokalkulation und Chancenverwandlung immer unter *Einbindung der Mitarbeitenden.* Statt sie als Kostenfaktor zu sehen oder veränderungsresistent abzukanzeln, sollten Führungskräfte sie befähigen, Entscheidungen zu übernehmen, Veränderungen voranzutreiben und neue Ideen zu entwickeln. Das macht Coaching nach individuellem Potenzial und unternehmerischen Zielen erforderlich.

Entrepreneurship heißt Entscheidungsmanagement im *Sinne des Informations-Managements und der Priorisierung.* In der VUKA-Welt gibt es oft eine Überflutung von Informationen. Führungskräfte müssen in der Lage sein, relevante Informationen zu identifizieren und zu analysieren, um fundierte Entscheidungen zu treffen. Sie müssen auch in der Lage sein, schnell zu handeln, um Wettbewerbsvorteile zu erzielen.

Entrepreneurship fordert Anpassungsfähigkeit und die konsequente Bereitschaft zur konstruktiven Lösungsfindung. Führungskräfte müssen ein Umfeld der *Experimentierfreude und der Optionenvielfalt* schaffen, damit nicht das Scheitern des erstbesten Lösungsweges zu Frustration führt. Scheitern soll gescheiter machen, Fehler sollen zu nächsten Versuchen anspornen.

Wo Change entsteht

„Wer führt den Change im Unternehmen denn nun?", fragen seit Generationen die klugen Geister vom Hörsaal in Harvard bis zum Fachmagazin. Und wir tun recht daran zu hinterfragen, ob in puncto VUKA-Volatilität allein Human Resources (HR) für das Programmdesign von Personalentwicklung, Schulungen, Coachings und anderen Maßnahmen verantwortlich gemacht werden kann. Beginnt doch Change eigentlich am Arbeitsplatz! So kann auch die IT-Abteilung eine wichtige Rolle bei der Unterstützung von Führungskräften spielen, insbesondere bei der Bereitstellung von Technologien und Tools, die bei der Entscheidungsfindung an sich, bei der Entwicklung innovativer Ideen und der Transparenz der Organisation helfen können. Die IT-Abteilung kann beispielsweise Analytics-Tools oder Datenbanken bereitstellen, die Führungskräften helfen, relevante Daten zu identifizieren und zu analysieren.

Je fortschrittlicher diese Gedanken gesponnen werden, desto eher reagiert man mit Technologien auch auf Trends sowie auf interne und externe

KundInnenbedürfnisse. Alles keine ganz neuen Ideen – aber immer noch zu selten gelebt. Ein Beispiel ist die Firma „Mittelstand 4.0-Kompetenzzentrum Augsburg", die speziell auf die Förderung von Digitalisierung und Vernetzung im Mittelstand ausgerichtet ist. Workshops und Schulungen unterstützen Führungskräfte und Mitarbeitende im Mittelstand bei der Einführung von digitalen Technologien und der Verbesserung von Geschäftsprozessen – und zwar „on the job", das heißt während der laufenden Arbeitsprozesse. Hier arbeiten HR- und IT-Abteilungen eng zusammen, um den Führungskräften und Mitarbeitenden bestmöglich zur Seite zu stehen.

Entrepreneurship bedeutet folglich auch die aktive Entscheidung für *dezentrale und/oder konzentrierte Führung*:

- **Dezentrale Führung:** Führungskräfte werden befähigt, auch ohne Management oder Vier-Augen-Prinzip Entscheidungen zu treffen und dadurch effektiver zu arbeiten. Mitarbeitende können dank der Schulungsmaßnahmen ebenso ihre Fähigkeiten verbessern und sich laufend auf zukünftige Herausforderungen vorbereiten.
- **Zentrale Führung:** Die Zusammenarbeit zwischen HR- und IT-Abteilungen kann dazu beitragen, dass Technologien effektiver genutzt werden, um Geschäftsprozesse zu vereinfachen und zu automatisieren.

Führungskräfte in Unternehmen sollten ergo den vorübergehenden Ressourceneinsatz, die gegebenenfalls aufwendige Koordination und die kommunikationsintensive Umsetzung solcher Veränderungsprozesse nicht scheuen, um nachhaltig Verschlankung und Vereinfachung zu erzielen. Der gegenteilige Ansatz also des verbreiteten „never change a running system".

Ratio 1:9 – die neue Führungskraft

Mit Blick auf den Anfang dieses Essays erinnere ich daran, dass die meisten (9 von 10) Führungskräfte den Entrepreneur oder die Entrepreneurin in sich noch nicht entdeckt haben und diesen Prozessen eher mit Gegenwehr begegnen. Ich möchte Sie hier nicht mit einem weiteren überflüssigen Leadership Kompetenz-Katalog langweilen oder mich erneut über „agile growth mind" auslassen. Trotzdem sei die Frage zulässig, wie Führungskräfte ihre Kompetenzen denn einbringen sollten, damit Entrepreneurship in der VUKA-Welt möglichst reibungslos und der Bürokratieabbau im Sinne des dezentralen Führens und der zentralen Organisationsentwicklung möglichst nachhaltig funktionieren.

Im Folgenden unterbreite ich Ihnen meinen Vorschlag zur Führung als EntrepreneurIn im Sinne gelebten Entscheidens – unabhängig davon, ob angestellte oder selbstständige Führungskraft.

1. Selbstführung – ein sperriger Begriff und darum einmal „aufgebrochen":

- Resilienz und Durchhaltevermögen
- Leistungsmotivation
- Erwartung an eigene Selbstwirksamkeit
- Eigeninitiative und Selbstständigkeit
- Verantwortungsbewusstsein
- Willensstärke
- Fähigkeit, immer wieder neue Innovationen hervorzubringen

Selbstführung bedeutet, dass sich EntrepreneurInnen vor allem durch ihre unkonventionelle Geisteshaltung auszeichnen. Sie hilft ihnen dabei, außergewöhnlich gut mit Unsicherheit und Risiken umzugehen und ihr Business zum Erfolg zu führen.

Sie haben vielleicht andere oder zusätzliche Attribute im Kopf, und ja: Es gibt andere UnternehmerInnen- bzw. ManagerInnen-Fähigkeiten, die entscheidend sind: wie die Fähigkeit zu spüren, Geschwindigkeit, Präzision, die Fähigkeit, effektiv zu reagieren, Agilität, Anpassungsfähigkeit, und die Fähigkeit, schnell aus Erfahrungen zu lernen und mit dynamischen Fähigkeiten des Experiments „VUKA" zu reagieren.

2. Veränderungsbereitschaft: Neue Führungskräfte sollten bereit sein, sich auf Veränderungen und neue Prozesse einzulassen und diese aktiv zu unterstützen.

3. Technologisches Verständnis: Führungskräfte sollten ein grundlegendes Verständnis für die Technologien haben, die in ihrem Unternehmen eingesetzt werden, um die Zusammenarbeit mit der IT-Abteilung zu erleichtern.

4. Kommunikationsfähigkeit: Führungskräfte sollten in der Lage sein, klare und eindeutige Kommunikation zu gewährleisten, um sicherzustellen, dass alle Beteiligten die neuen Prozesse verstehen.

5. Fokus auf die Mitarbeiterentwicklung: Führungskräfte sollten sich auf die Entwicklung ihrer Mitarbeitenden konzentrieren, um sicherzustellen, dass sie über die Fähigkeiten verfügen, um die neuen Technologien und Prozesse nutzen zu können.

6. Projektmanagement-Fähigkeiten: Neue Führungskräfte sollten in der Lage sein, Projekte effektiv zu planen, zu überwachen und zu steuern, um sicherzustellen, dass sie im Zeit- und Budgetrahmen bleiben.

7. Strategisches Denken: Führungskräfte sollten in der Lage sein, strategisch zu denken und die Auswirkungen der neuen Prozesse und Technologien auf das Unternehmen zu verstehen.

8. Empathie und Flexibilität: Führungskräfte sollten in der Lage sein, auf die Bedürfnisse und Anliegen ihrer Mitarbeitenden einzugehen und flexibel zu sein, um auf Veränderungen zu reagieren.

9. Kundenorientierung: Mit Bezug auf den Markt und vor allen Dingen die KundInnen sollten Führungskräfte die Ausrichtung all ihres Tuns und ihrer Prozesse immer wieder prüfen.

10. Feedback und lernende Organisation: Um sicherzustellen, dass alles Tun den Kundenbedürfnissen dient, sollten Führungskräfte das Kundenfeedback mit ihren Teams analysieren und verstehen, wie sie jeweils einfach und effektiv auf Optimierung Einfluss nehmen können. Das gilt für alle Abteilungen bzw. Entitys und Teams.

Gerade MittelständlerInnen sind möglicherweise noch nicht so weit in ihrer Entwicklung, wenn es um die Integration von Kundenfeedback in ihre Geschäftsprozesse und die Steuerung von Customer Experience geht. Doch auch schon mit einfacheren Feedback-Tools wie Umfragen, Feedback-Formularen oder mithilfe der sozialen Medien kann Feedback von KundInnen gesammelt werden. Die Zukunft gehört denjenigen Unternehmen, die nicht nur auf Nachfrage und Feedback reagieren, sondern *mit* ihren KundInnen gemeinsam entwickeln, d.h. Änderungen an ihren Produkten oder Dienstleistungen noch vor Fertigstellung vornehmen. Dies kann bedeuten, dass Unternehmen ihre Geschäftsprozesse anpassen müssen, um Kundenfeedback effektiver zu nutzen, wie z.b. die Implementierung von Änderungen in der Produktentwicklung oder die Schulung von Mitarbeitenden, um auf Kundenbedürfnisse einzugehen.

Das setzt ein angstfreies und vorbehaltloses Zusammenarbeiten von Führungskräften und Mitarbeitenden voraus. Entscheidungsfähigkeit ist folglich fester Bestandteil einer Kultur der Veränderungsbereitschaft und Innovation, und je früher Unternehmen sicherstellen, dass sie ihre Mitarbeitenden in den Veränderungsprozess einbeziehen und ihnen dafür ihre Unterstützung anbieten und die notwendigen Ressourcen zur Verfügung stellen, desto anpassungsfähiger sind sie an Veränderungen ihrer KundInnen, der Technologie und Prozesslandschaft.

Intrapreneurship

Und wenn Sie jetzt einwenden: „Ich bin zwar Führungskraft, aber nur angestellt …", dann kann ich diesen Einwand leicht entkräften. Mehr noch, ich möchte Ihnen gratulieren, denn Sie vereinen die Sicherheit eines festen Angestelltenverhältnisses mit der Freiheit einer unternehmerischen Tätigkeit. Als „IntrapreneurIn" verbinden Sie damit das „Beste aus beiden Welten". In Zukunft noch viel mehr als heute zählen Sie als IntrapreneurIn zu den Menschen, die wie Angestellte eines Unternehmens handeln, aber unternehmerisch denken und entscheiden. Intrapreneurship ist die Antwort auf Fachkräftemangel, Mitarbeiterfluktuation und Digitalisierung. Auf Sie als EntscheiderIn werden alle Augen gerichtet sein, selbst wenn Sie nicht in der Chefetage sitzen. Denn mehr denn je wird es wichtig, Start-up-Dynamik im Unternehmen zu verankern und beizubehalten. Heißt übersetzt: Risikobereitschaft, Innovation und Proaktivität sind die wichtigsten Eigenschaften zumindest für die Gruppen in der Organisation, in deren Aufgaben Forschung, Entwicklung, Problemlösekompetenz, Zusammenarbeit mit KundInnen, KandidatInnen, DienstleisterInnen fällt. Pragmatisch denkende Unternehmen mit Visionen, mit Mut und Entschlusskraft werden nachhaltig Wettbewerbsvorteile genießen. Und wenn Sie diese Nachhaltigkeit auf das Unternehmensziel übertragen, sprich: ökologische Ansprüche geltend machen, haben Sie die Nase vorn.

Checken Sie Ihre VUKA-Readiness

Ich danke Ihnen für die Lektüre dieses Artikels. Ihm gehen viele Studien, Beratungsstunden und immer wieder der Versuch voraus, unternehmerische Fähigkeiten weiterzuentwickeln, um in der VUKA-Geschäftswelt vom Start-up bis zum Konzern zu überleben und zu wachsen. Wenn Sie jetzt für sich eine kleine Standortbestimmung vornehmen möchten, stellen Sie sich die folgenden acht Fragen. Und entscheiden Sie sich, diese ehrlich zu beantworten.

1. Sind Sie offen für Veränderungen?
2. Wie groß ist Ihre Bereitschaft, mit Ideen zu experimentieren?
3. Passen Sie einen Stil an die Anforderungen einer Situation an?
4. Haben Sie einen Sinn für persönliche Mission und Leidenschaft?
5. Haben Sie versucht, Fehler zu reflektieren und einzugestehen?
6. Sind Sie bereit, anderen mit Neugier und Demut zuzuhören?
7. Mit welchem Abschluss sind Sie offen fürs Lernen?
8. Konzentrieren Sie sich eher auf die Zukunft (Feed-Forward) als auf die Vergangenheit (Feed-Back)?

Scheitern an sich ist noch keine Katastrophe, aber das Versäumnis, aus Fehlern zu lernen, ist es sicherlich! Waren einige Ihrer unternehmerischen Entscheidungen fehlerhaft? Scheitern wird weitergehen, wenn UnternehmerInnen nicht aus der Vergangenheit lernen. Geschähe das denn aus Selbstgefälligkeit oder Selbstüberschätzung? Hat Hybris in einer VUKA-Welt überhaupt Platz, wo alles anders bleibt und es so etwas wie einen Status quo gar nicht gibt, an dem wir festhalten können?

Wenn Sie das eingesehen haben, gratuliere ich Ihnen zum ersten erfolgreichen Schritt in Ihre persönliche VUKA-Readiness.

© Marquart Björn

Karl Drack

Studium an der Uni Passau (D) und Uni Linz (A). Abschluss als Magister der Wirtschafts- und Sozialwissenschaften.

Zahlreiche Trainerlizenzen. Langjähriger Betriebsleiter im Gesundheitsbereich. Spezialisierung im Kompetenzmanagement als Unternehmensberater und Coach. Seit 1998 über 65 Unternehmungsberatungsprojekte und über 430 Einzelcoachings.

Seit 1998 an der BSA-Akademie und an der Deutschen Hochschule für Prävention und Gesundheitsmanagement (DHfPG) als Dozent und Prüfer (dhfpg-bsa-de) tätig.

Seit 2012 als Dozent an der Hochschule Landshut (haw-landshut.de) für das Modul „Führungskompetenz" des berufsbegleitenden Masters „Prozessmanagement und Ressourceneffizienz" verantwortlich.

www.drack.com

Unternehmenskultur – Zukunftssicherung

Die Unternehmenskultur stellt einen sehr wichtigen strategischen Erfolgsfaktor für die Entwicklung eines jeden Unternehmens dar. Die Kultur oder den „Charakter" eines Unternehmens zu erfassen, ist teilweise nicht ganz so einfach, weil uns viele Elemente wie Gebräuche, Sitten, „Spielregeln" etc. oft nicht bewusst sind. Als Individuum reflektieren wir oftmals unsere Persönlichkeit, um uns besser zu verstehen und uns dann durchaus gezielt erfolgreicher weiterzuentwickeln.

In Unternehmungen spielt natürlich die Weiterentwicklung der Unternehmenskultur eine wichtige Rolle zur Zukunftssicherung. Berner definiert Unternehmenskultur als „Menge der Gewohnheiten, in denen sich ein Unternehmen von seiner Umgebung unterscheidet"[1]. Dahinter steht die gesamte Lerngeschichte des Unternehmens, das heißt die Erfahrungen, die es gesammelt, und die Entscheidungen, die es daraufhin getroffen hat, sowie die Grundannahmen, die ihm daraus in Fleisch und Blut übergegangen sind: Sie verdichten sich zu der „Persönlichkeit" oder dem „Charakter" eines Unternehmens. Ziel für solche Unternehmenskulturdiagnosen ist es, solche Elemente bewusst zu machen und bei Bedarf anzupassen. Viele Studien unterstreichen die hohe Bedeutung der Unternehmenskultur für den Erfolg von Unternehmen.

Erfolgsfaktor „Unternehmenskultur"

Fischer schreibt: „Heute ist es nicht mehr strittig, dass die Unternehmenskultur ein Erfolgsfaktor ist und Einfluss auf Performance, Qualität und Kundenorientierung sowie Motivation und Identifikation der Mitarbeitenden hat."[2] Das zeigen auch die regelmäßigen Gallup-Untersuchungen, die sich exemplarisch mit dem Thema Mitarbeiteridentifikation beschäftigen. „Der Anteil der Mitarbeiter, die sich durch eine hohe emotionale Bindung an das Unternehmen auszeichnen, hat wiederum direkten Einfluss auf die Kundenzufriedenheit (+10 %), die Produktivität (+20 %) und die Rentabilität (+21 %). Vor allem aber verhindert er Fluktuation

---

[1] Berner, W. (2019): Culture Change – Unternehmenskultur als Wettbewerbsvorteil. Schäffer/Poeschel-Verlag, S. 17.

[2] Fischer, P. (2021): Zukunftsfaktor Unternehmenskultur. Redline Verlag, S. 35.

(-42 %), Arbeitsunfälle (-70 %) und Qualitätsmängel (-40 %)", so argumentiert Fischer.[3] Auch Berner zeigt klar auf, dass eine passende Unternehmenskultur Kosten und Profitabilität eindeutig beeinflusst.[4] In der WirtschaftsWoche vom 14.7.2023 schreibt Friedrich kritisch: „Was ist schon gut? Alle wollen eine ansprechende Unternehmenskultur. Aber wie misst man das eigentlich? Mitarbeiterbefragungen sind selten aufschlussreich. Gibt es andere Indikatoren?"[5] Ja, die gibt es, wenn man sich mit der Fachliteratur und der Unternehmenspraxis auseinandersetzt. Im Fokus steht die funktionierende Unternehmenskultur als Mittel zum Zweck. Ansätze, Modelle zur Unternehmenskulturdiagnose gibt es einige.

Die Messung der „Unternehmenskultur"

Exemplarisch wird hier das Modell von Denison mit folgenden vier Eigenschaften dargestellt:[6]

- Anpassungsfähigkeit
- Mission
- Konsistenz
- Engagement/Beteiligung

Wie stark einzelne Eigenschaften ausgeprägt sind, sieht man in der Abbildung 1 mit Prozentwerten in Tabellenform und in Abbildung 2 in Form eines Diagramms.

---

[3] Fischer, P. (2021): Zukunftsfaktor Unternehmenskultur. Redline Verlag, S. 38.

[4] Berner, W. (2019): Culture Change – Unternehmenskultur als Wettbewerbsvorteil. Schäffer/Poeschel-Verlag, S. 1.

[5] Friedrich, A.: Kultur: Alle Unternehmungen wünschen sich gute Stimmung in der Belegschaft. Aber wie lässt sich die eigentlich messen?. In: WirtschaftsWoche (Ausgabe 29) vom 14.7.2023.

[6] Denison, dargestellt in Kerth et al. (2015): Die besten Strategietools in der Praxis. Hanser Verlag.

Ergebnisse IST-Aufnahme der Unternehmenskultur

Anpassungsfähigkeit

Veränderungsbereitschaft	35 %
Kundenfokus	62 %
Organisationales Lernen	38 %

Mission

Strategische Richtung	68 %
Ziele	65 %
Vision	62 %

Konsistenz

Kernwerte	53 %
Übereinstimmung	53 %
Koordination & Integration	55 %

Engagement/Beteiligung

Einbindung	33 %
Teamorientierung	38 %
Entwicklung der Fähigkeiten	37 %

Höchster Wert im Fragebogen	75 %
Niedrigster Wert im Fragebogen	29 %
Durchschnittlicher Wert im Fragebogen	50 %

Abbildung 1: IST-Werte einer Unternehmenskulturanalyse (eigene Darstellung nach Denison)

Die Ergebnisse werden durch standardisierte Fragen ermittelt. Fünf Fragen für die Ermittlung der Veränderungsbereitschaft als Unterpunkt der Anpassungsfähigkeit lauten exemplarisch nach Denison:

„In unserem Unternehmen ...

- ist der Weg, wie die Dinge erledigt werden, sehr flexibel und leicht zu verändern,
- reagieren wir sehr erfolgreich auf die Wettbewerber und andere Veränderungen des Umfelds,
- werden neue und verbesserte Verfahren kontinuierlich übernommen,
- erfahren Versuche, Veränderungen voranzutreiben, keinerlei Widerstände,

- kooperieren unterschiedliche Organisationseinheiten oft, um Veränderungen zu schaffen."

Alle gestellten Fragen werden mit den Kriterien „Starke Zustimmung – Zustimmung – Neutral – Ablehnung – Starke Ablehnung" beantwortet.

Die „Entwicklung der Fähigkeiten" als Unterpunkt von Engagement/ Beteiligung wird nach Denison exemplarisch mit folgenden fünf Fragen ermittelt:

„In unserem Unternehmen …

- werden die Fähigkeiten der Mitarbeiter als wichtige Quelle für einen Wettbewerbsvorteil gesehen,
- verbessern sich die Fähigkeiten der Mitarbeiter laufend,
- wird Autorität delegiert, sodass jeder eigenverantwortlich handeln kann,
- gibt es eine laufende Investition in die Fähigkeiten der Mitarbeiter (Schulungen, Job Rotation, …),
- entstehen keine Probleme dadurch, dass wir nicht die notwendigen Fähigkeiten hätten, die Arbeit zu erledigen."

Die schwächste Ausprägung finden wir hier im Punkt „Einbindung", ebenso als Unterpunkt von Engagement/Beteiligung mit folgenden Fragestellungen nach Denison ermittelt:

„In unserem Unternehmen …

- werden Entscheidungen auf der Ebene getroffen, auf der die besten Informationen zur Verfügung stehen,
- sind Informationen so weit verbreitet, dass jeder die Informationen bekommen kann, die er braucht,
- glaubt jeder, dass sein Beitrag eine positive Auswirkung haben kann,
- ist die Geschäftsplanung laufend und beteiligt jeden zu einem bestimmten Maß."

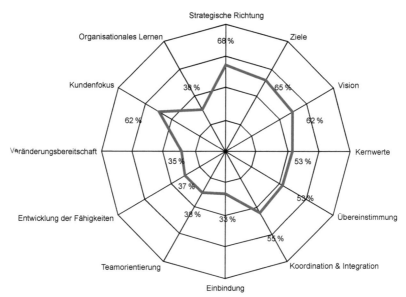

Abbildung 2: Kulturradar (eigene Darstellung nach Denison)

Handlungsbedarf ableiten

Wenn wir eine Interpretation dieser IST-Analyse vornehmen sind, gibt es insbesondere in den Punkten Einbindung (33 %), Veränderungsbereitschaft (35 %) und Entwicklung der Fähigkeiten (37 %) einiges zu tun. Die Mission mit den Unterpunkten „Strategische Richtung" (68 %), „Ziele" (65 %) und „Vision" (62 %) ist insgesamt am stärksten ausgeprägt.

Exemplarisch gibt es eine 11-Jahres-Planung, die von der Geschäftsleitung festgelegt wurde. Diese ist in Abbildung 3 dargestellt.

11-Jahres-Plan für einen Gesundheitsclub

mit Spezialisierung im Bereich BGM*

ZIELINHALT (auszugsweise)	IST 2022	Ziel 2023	Ziel 2024	Ziel 2025	Ziel 2026	...	Ziel 2033
Kundenzahl	1335	1750	2000	2250	2500		6000
Kundenfluktuation	35,53 %	33,00 %	27,00 %	22,00 %	17,00 %		12,00 %
Umsatz bestehender Geschäftsfelder	903.551 €	1.226.430 €	1.440.000 €	1.701.000 €	1.980.000 €		6.264.000 €
mtl. Durchschnittsumsatz/Kunde	56,40 €	58,40 €	60,00 €	63,00 €	66,00 €		87,00 €
Neues Geschäftsfeld BGM*	in Vorbereitung	2-3 Pilotprojekte					
Umsatz „BGM"	- €	75.000 €	200.000 €	500.000 €	900.000 €		3.000.000 €
Umsatz gesamt	903.551 €	1.301.430 €	1.640.000 €	2.201.000 €	2.880.000 €		9.264.000 €
Umsatzrendite	8,26 %	10,26 %	13,00 %	14,50 %	16,00 %		24,00 %
Floprate bei Einführung von neuen Produkten/DL	73 %	65 %	55 %	45 %	37 %		20 %
Kooperationspartner**	5	10	13	20	30		100
Attraktivität als Arbeitgeber***	3,9	5,2	6,6	7,3	8		9
Sonstiges		Implementierung von QM**** im eigenen Unternehmen	Implementierung von BGM* im eigenen Unternehmen	Weitere Spezialisierung zum Ausbau der Marktführerschaft in puncto „BGM"	Strategien der Expansion werden im Vorfeld abhängig von den Marktchancen jährlich angepasst		Strategien der Expansion werden im Vorfeld abhängig von den Marktchancen jährlich angepasst

* BGM: Betriebliches Gesundheitsmanagement
** zur Positionierung als Gesundheitsclub und Spezialist für Betriebliches Gesundheitsmanagement
*** Befragung wurde erstmalig in Anlehnung an „great-place-to-work" durchgeführt (max. Punktezahl: 10)
**** Qualitätsmanagement. Im Vorfeld finden gezielte Analysen bei Spitzenreitern (Benchmarking) in puncto QM innerhalb und außerhalb der Gesundheitsbranche statt.

Abbildung 3: Strategische Planung (eigene Darstellung)

Erheblicher Handlungsbedarf ergibt sich für die Punkte „Einbindung der Mitarbeiter", „Veränderungsbereitschaft" und „Entwicklung der Fähigkeiten/Kompetenzen".

2023 wurde dann ein Kompetenzmodell namens KODE$^{©}$ implementiert, das in Abbildung 4 dargestellt ist.

P Personale Kompetenz				A Aktivitäts- und Handlungskompetenz			
Loyalität	Werte-orientierung	Einsatz-bereitschaft	Selbst-management	Entschei-dungs-fähigkeit	Gestaltungs-fähigkeit	Tatkraft	Mobilität
P		**P/A**		**A/P**		**A**	
Glaubwür-digkeit	Eigen-verantwor-tung	Schöpferische Fähigkeit	Offenheit für Veränderun-gen	Innovations-fähigkeit	Belastbarkeit	Ausführungs-bereitschaft	Initiative
Humor	Hilfsbereit-schaft	Lernfähigkeit	Ganz-heitliches Denken	Optimismus	Soziales Engagement	Ergebnis-orientiertes Handeln	Ziel-orientiertes Führen
P/S		**P/F**		**A/S**		**A/F**	
Mitarbeiter-förderung	Delegieren	Disziplin	Zuverlässig-keit	Impulsgeben	Schlagfertig-keit	Beharrlichkeit	Konsequenz
Konflikt-lösungs-fähigkeit	Integrations-fähigkeit	Akquisitions-stärke	Problem-lösungs-fähigkeit	Wissens-orientierung	Analytische Fähigkeiten	Konzeptions-starke	Organisations-fähigkeit
S/P		**S/A**		**F/P**		**F/A**	
Team-fähigkeit	Dialog-fähigkeit und Kunden-orientierung	Experimen-tierfähigkeit	Beratungs-fähigkeit	Sachlichkeit	Beurteilungs-vermögen	Fleiß	Systematisch-methodisches Vorgehen
Kommunika-tions-fähigkeit	Koopera-tions-fähigkeit	Sprachge-wandtheit	Verständnis-fähigkeit	Projekt-management	Folgebe-wusstsein	Expertise	Markt-orientierung
S		**S/F**		**F/S**		**F**	
Beziehungs-management	Anpassungs-fähigkeit	Pflichtbe-wusstsein	Gewissen-haftigkeit	Lehrfähigkeit	Fachliche Anerkennung	Planungs-fähigkeit	Fachüber-greifendes Verständnis
S Sozial-kommunikative Kompetenz				F Fach- und Methodenkompetenz			

Abbildung 4: Kompetenzatlas (eigene Darstellung nach Heyse et al., Kompetenzmanagement mit System, WAXMANN Verlag 2019 – KODE©)

Kompetenzen charakterisieren in diesem KODE©-Modell die Fähigkeiten eines Menschen, selbstorganisiert in neuen, offenen, komplexen Situationen zurechtzufinden und proaktiv zu handeln. Über dieses KODE©-Modell können rund 64 Teilkompetenzen gezielt zur Weiterentwicklung eingesetzt werden, um einzelne Punkte der Unternehmenskultur in die gewünschte Richtung zu lenken. Die Veränderungsbereitschaft (im KODE©-Modell „Offenheit für Veränderungen") ist hier sehr schwach ausgeprägt. Nach Sprenger lautet die vierte (wichtigste) Kernaufgabe „Zukunftsfähigkeit sichern". Gute Führungskräfte denken nach vorne, erweitern Horizonte, fördern Vorstellungsvermögen für eine bessere Zukunft und erhöhen die Veränderungsbereitschaft. Es nützt nichts, wenn wie hier in unserer IST-Aufnahme der Unternehmenskultur möglicherweise die Mission mit den drei Teilaspekten „Strategische Richtung", „Ziele" und „Vision" am grünen Tisch im Führungskreis produziert und nicht (ausreichend) kommuniziert worden ist. Das Beteiligen und Abholen der Mitarbeiter ist für die Umsetzung elementar wichtig. Die Vision, das große Ganze in der fernen Zukunft, kombiniert mit strategischer Ausrichtung, klarer Positionierung und klar kommunizierten Spielregeln stellt die emotionale Basis in Unternehmen dar. Gute Führungskräfte gelten als extrem wichtige Botschafter der Zukunft. Ein klares und positives Bild der möglichen (Unternehmens-)Zukunft vermittelt den Mitarbeitern Sicherheit und lässt die Angst schwinden. Man sieht den Gipfel als Fernziel, die Schlucht, die man „angespannt" überquert, wird zur „Nebensache". Nach Kruse ist natürlich die Faszination (als Alternative zur Angst) die eine unerschöpfliche und die positivste Quelle menschlicher Kreativität und Veränderungsbereitschaft.[7] Veränderungsprozesse meistern wird immer wichtiger.

Häufig werden auch Benchmarking-Analysen durchgeführt, um bestimmte Punkte und Elemente von Kultur gezielt zu verbessern. Um beispielsweise als Arbeitergeber attraktiver zu werden, sollte man sich mit dem Thema „Arbeitsplatzkultur" und der Plattform „Great-place-to-work" beschäftigen. Exemplarisch drei Beispiele in den Abbildungen 5 bis 7.

---

[7] Kruse, P. (2009): Erfolgreiches Management von Instabilität. GABAL Verlag.

Abbildung 5: Einbindung der Mitarbeiter, Beispiel 1 (Quelle: www.greatplacetowork.de)

Abbildung 6: Einbindung der Mitarbeiter, Beispiel 2 (Quelle: www.greatplacetowork.de)

Abbildung 7: Einbindung der Mitarbeiter, Beispiel 3 (Quelle: www.greatplacetowork.de)

Sehr interessant mit Optimierungen von Unternehmenskulturen ist auch die Lektüre von Burkhart als Herausgeberin mit dem Titel „Be Water my Friend" und das Buch von den Herausgebern Spiegel et al. mit dem Titel „Future Skills". Der Untertitel von „Be Water my Friend" lautet: „Was Menschen, Teams und Organisationen aus intelligenten Ideen von 29 Persönlichkeiten lernen können, um die Herausforderungen unseres 21. Jahrhunderts besser meistern zu können."

Empfehlenswert ist auch die Auseinandersetzung mit der Lektüre „Aktives Generationen-Management" von Tavolato und „Von Babyboomer bis Generation Z" von Mangelsdorf. Jede Generation hat ihre Kultur mit bestimmten Präferenzen. Und diese sollten im Unternehmen auch genutzt werden.

Natürlich sollten Unternehmenskulturanalysen regelmäßig durchgeführt und in die gewünschte Richtung gelenkt werden. Wie sagte bereits Laotse: „Wer sich mit der Zukunft beschäftigt, wird eine gute haben."

Weiterführende Literatur

Drack, K./Kunz, M. (2017): Gesundheit & Führung im Wandel der Zeit – Unternehmenskultur (Teil 2). In: Bodylife (Fachzeitschrift für Führungskräfte)

Drack, K. (2017): Offenheit für Veränderungen – Chapter four. In: FMI (Fitness Management International)

Ute Grandt

Als Expertin für Führung, Zusammenarbeit und strategische Lösungen unterstützt Ute Grandt Führungskräfte bei der eigenen Weiterentwicklung. Als INQA-Coach (INQA = Initiative Neue Qualität der Arbeit) fördert sie in Unternehmen die Entwicklung einer zukunftsfähigen Führungs- und Arbeitskultur.

Dabei entlastet sie die Verantwortlichen spürbar durch Beratung, Moderation von Veranstaltungen und die Organisation von Prozessen. Dazu gehört auch die Organisation und Durchführung der psychischen Gefährdungsbeurteilung nach dem Arbeitsschutzgesetz.

Ute Grandt verfügt über ein breites Spektrum von Kompetenzen und praktischer Erfahrungen: Als Beraterin und Coach, als Organisations- und Personalentwicklerin, als Trainerin und Rechtsanwältin mit dem Schwerpunkt Arbeitsrecht und mit ihrer langjährigen Führungserfahrung (als Personalvorstand, Personalleiterin, Bereichsleiterin strategische Personal- und Organisationsentwicklung).

Das verständliche Vermitteln von komplexen Sachverhalten ist eine ihrer Leidenschaften.

www.grandt-entwicklung.de

Wir Babyboomer sind das Problem

Andreas kommt zur wöchentlichen Besprechung mit Barbara, der Geschäftsführerin der „Besser Leben GmbH", und beginnt mit den Worten: „Barbara, ich habe einige schlechte Nachrichten."

Barbara hält viel von ihrem Personalleiter. Und wenn er von schlechten Nachrichten spricht, dann ist es ernst. „Okay, ich sitze", versucht sie die Situation aufzulockern.

Andreas schlägt seine Mappe auf und beginnt: „Die gute Bewerberin hat abgesagt."

„Waaas? Das gibt es doch gar nicht. Die Stelle ist schon so lange unbesetzt", ruft Barbara.

„Ja, wir versuchen seit neun Monaten, jemanden zu finden."

„Weißt du, warum sie nicht kommt?", fragt Barbara.

„Sie hat mitgeteilt, dass ihr der Bewerbungsprozess viel zu lange gedauert hat und sie nun ein Angebot angenommen hat, bei der der Arbeitgeber mehr an Fortbildung bietet und auch ihren Wünschen nach Teilzeit und mobilem Arbeiten entsprochen hat."

Barbara steht der Mund offen. Sie schluckt und ringt nach Fassung. „Und du hast noch mehr Hiobsbotschaften?", fragt sie dann.

„Leider ja", antwortet Andreas. „Melanie will uns verlassen. Sie hat mir gesagt, dass sie ihre Einarbeitung schlecht fand. Dass sie viel zu selten ein Feedback von ihrer Führungskraft erhalten hat und sich dadurch immer unsicher war, wo sie steht. Das sei für sie kein Zustand, den sie länger erleben möchte", führt Andreas aus. „Außerdem möchte sie nicht ständig Überstunden leisten. Sie möchte auch weiterhin planbare Zeit für die Familie und ihre kleine Tochter haben."

„Was ist denn bloß mit diesen jungen Leuten los?", braust Barbara auf. „Sie sind kaum da, da stellen sie schon Ansprüche. Sie sollten erst mal Leistung bringen und sich hintenanstellen, wie sich das gehört!"

„Wir haben schon oft darüber gesprochen, dass die jüngeren Generationen anders sind", wirft Andreas ein.

„Du meinst, nur weil die Generation Y[1] oder wie die alle heißen Ansprüche stellt, muss ich springen und den ganzen Laden umorganisieren?", fragt Barbara erregt.

Andreas versucht es noch einmal: „Es geht nicht nur um eine Generation. Es geht darum, dass die jüngeren Beschäftigten andere Vorstellungen vom Arbeitsleben haben. Da kannst du keine genaue Grenze am Geburtsdatum festmachen. Die sogenannten Generationen Y und Z[2] formulieren ihre Forderungen eben sehr deutlich."

Der Fisch stinkt immer vom Kopf

Andreas erklärt weiter: „Wir stehen im harten Wettbewerb mit anderen Arbeitgebern. Die wirtschaftliche Vernunft verlangt von uns, dass wir uns systematisch mit der Situation beschäftigten. Es gibt Berechnungen, die zeigen, wie hoch die Zusatzkosten durch Fluktuation sind. Das sind bei uns im Durchschnitt 75.000 Euro für sechs Monate, bis wir die Stelle wieder besetzt haben! Wenn wir die neuen Beschäftigten dann wieder verlieren, wird es richtig teuer. Viele gehen bereits in den ersten 100 Tagen, weil sie nicht gut eingearbeitet werden.[3] Wenn wir es also schaffen, Beschäftigte stärker an uns zu binden, sparen wir eine Menge Geld. Das können wir dann für mehr Personal und Fortbildung ausgeben. Ah, und noch etwas", fügt Andreas hinzu. „Der Betriebsrat verlangt, dass wir nun endlich mit der gesetzlich vorgeschriebenen psychischen Gefährdungsbeurteilung beginnen."

„Auch das noch", stöhnt Barbara auf. „Als ob ich sonst keine Sorgen hätte ..."

„Ich habe recherchiert und denke, dass wir zwei Fliegen mit einer Klappe schlagen könnten", sagt Andreas. „Nach §5 Arbeitsschutzgesetz müssen wir die psychische Gefährdungsbeurteilung regelmäßig durchführen. Unsere letzte ist zu alt. Alles, was vor Corona war, ist nicht mehr aussagekräftig. Wenn die Aufsichtsbehörde uns kontrolliert und wir nichts haben, gibt es Ärger. Auf der anderen Seite ist dies eine gute Gelegenheit, die Beschäftigten zu befragen, um zu erfahren, wo wirklich

---

[1] „Generation Y" sind die zwischen 1981 und 1995 Geborenen.

[2] „Generation Z" sind die zwischen 1996 und 2010 Geborenen.

[3] Haufe: www.haufe.de/personal/hr-management/immer-mehr-beschaeftigte-kuendigen-in-der-onboarding-phase_80_567688.html

der Schuh drückt. Wir könnten uns zusammen mit den Beschäftigten die Ergebnisse ansehen und überlegen, was zu tun ist, um ein attraktiver und guter Arbeitgeber zu sein."

„Die Gefährdungsbeurteilung meinetwegen", stöhnt Barbara, „das muss ja wohl sein. Aber zusammen mit den Beschäftigten Maßnahmen entwickeln? Das geht mir doch etwas zu weit."

„Die Jüngeren akzeptieren diese Top-down-Entscheidungen nicht mehr in gleicher Weise wie die Babyboomer[4]. Sie lehnen die ‚Friss oder stirb'- Politik ab. Sie wollen beteiligt werden und sich einbringen", erläutert Andreas. „Barbara, wenn wir den Laden nicht vor die Wand fahren wollen, müssen wir unsere Arbeitskultur wirklich verändern. Wir werden sonst weiterhin die Stellen nicht besetzt bekommen und noch mehr gute Leute verlieren. Noch schlimmer ist es, dass die Beschäftigten die wichtigsten Botschafter für das Unternehmen sind. Du liest auch Bewertungen, bevor du etwas kaufst. Heute hast du Portale, in denen Arbeitgeber bewertet werden.[5] Wenn dir eine Bekannte von einem Unternehmen abrät, hat dies eine noch stärkere Wirkung als so ein Portal."

Barbara hat aufmerksam zugehört. „Okay, Andreas, was du sagst, überzeugt mich. Doch es passt mir nicht. Es geht total gegen meine Werte und Vorstellungen, wie das Arbeitsleben heute funktioniert. Ich habe Sorge, dass mir die Beschäftigten auf der Nase herumtanzen, wenn wir alles machen, was sie wollen."

„Ja, Barbara, das verstehe ich. Und gleichzeitig glaube ich, dass wir uns verändern müssen. Du kennst doch das Sprichwort ‚Der Fisch stinkt immer vom Kopf zuerst'?"

„Und du meinst, dass wir Babyboomer der Kopf sind, weil die meisten von uns in den Führungsetagen sitzen?", fragt Barbara nachdenklich.

„Ja, auch wenn es schwer zu ertragen ist: Die jungen Generationen werden bald die Mehrheit der Beschäftigten stellen. Da sollten wir nicht darauf bestehen, unsere Werte und Einstellungen weiterhin so durchzusetzen."

„Und du glaubst, dass wir die nötigen Veränderungen über eine Gefährdungsbeurteilung hinbekommen", hakt Barbara nach.

---

[4] Diese Generation ist zwischen 1950 und 1965 geboren.

[5] Arbeitgeberbewertungsportale wie z.B. Kununu, Jobvoting, Companize, Mein Chef, Bewerte meine Firma u.a.

„Na ja, wir werden es nicht allein schaffen. Einmal, weil wir den Prozess nicht aus eigener Kraft organisieren können. Zum anderen, weil wir nicht aus unserer Haut und Sichtweise herauskönnen. Daher sollten wir uns Beratung und Unterstützung von außen holen."

„Gut, dann kümmere ich mich darum, wie wir das machen können", sagt Barbara. „Ich habe aber noch eine Bitte: Sprich du doch Melanie an und frag sie, ob wir etwas tun können, damit sie bleibt. Sie ist eine sehr kluge und fähige Kollegin, die ich nicht verlieren möchte."

„Ja, das mache ich", verspricht Andreas.

Ein Jahr später

Barbara blättert noch einmal ihre Notizen durch. Sie ist auf einem Netzwerktreffen, wo sie gleich einen Vortrag halten wird. Es geht darum, was sie in der Besser Leben GmbH getan haben, um das Arbeitsklima zu verbessern, um gegen Fluktuation und Fachkräftemangel anzugehen. Vieles ist im letzten Jahr geschehen, seit sie mit Andreas zusammensaß.

Es sind Geschäftsführer, Unternehmensleiterinnen und Führungskräfte aus ihrer Branche anwesend. Der Veranstalter Adam Hase kündigt sie an: „Wir freuen uns sehr, dass Barbara bereit ist, uns hinter die Kulissen blicken zu lassen. Sie sagt, dass sie in der Besser Leben GmbH viele Organisations- und Personalentwicklungsmaßnahmen auf den Weg gebracht haben, um ein attraktiverer Arbeitgeber zu sein. Wir alle haben Probleme mit der Stellenbesetzung. Und deshalb sind wir sehr gespannt, was ihr unternommen habt. Bitte, Barbara, erzähl uns von eurem Prozess!"

„Danke, Adam", sagt Barbara mit noch etwas zittriger Stimme und nimmt das Mikrofon entgegen. Der Saal ist bis auf den letzten Platz gefüllt, und Barbara blickt in erwartungsvolle Gesichter. Ihre Aufregung legt sich etwas. Alle sitzen im gleichen Boot, allen geht es so, wie es ihr vor einem Jahr erging.

Sie strafft die Schultern und beginnt: „Mein Personalleiter Andreas hat mir gesagt, dass der Fisch zuerst vom Kopf her stinkt. Andreas hat mir sozusagen die Augen geöffnet und mich auf den richtigen Weg gebracht. Ich wollte nicht länger dieser Kopf sein. Wie selbstverständlich hatte ich bis dahin angenommen, dass sich die Jungen anpassen müssen. Oder dass wir einfach die Falschen eingestellt haben. Wir Babyboomer haben jahrzehntelang eine bestimmte Arbeitswelt aufgebaut. Unser Lebensalter und unsere Generationszugehörigkeit prägen unser Erleben und Verhalten.[6] Es ist wie eine farbige Brille, durch die wir die Welt sehen. Doch jetzt weiß ich: Es gibt keinen anderen Ausweg; wir Babyboomer müssen unsere Haltung ändern, damit unsere Unternehmen zukunftsfähig sind.

Es fiel mir schwer, einzugestehen, dass meine Vorstellungen, wie das Arbeitsleben zu sein hat, nicht mehr mit den Wünschen und Vorstellungen der jüngeren Generationen zusammenpassen. Und es geht nicht nur um die Generation Y oder Z. Die formulieren es nur besonders deutlich. Auch die anderen Beschäftigten wollen anders arbeiten.[7] Erst die Tatsachen, dass wir unsere Stellen nicht mehr besetzen konnten und richtig gute Leute gekündigt haben, brachten mich dazu, meine Denkweise zu überprüfen."

Barbara lässt ihre Augen durch das Publikum schweifen. Alle hören ihr wie gebannt zu. Offenbar hat sie einen wunden Punkt angesprochen. Etwas beherzter fährt sie fort:

„Das zentrale Problem ist der Mangel an Arbeitskräften. Bereits Ende 2021 haben 43 Prozent der von Randstad befragten Unternehmen erklärt, dass sie ihre offenen Stellen nicht besetzen können und deshalb eine erhebliche Behinderung ihrer Geschäftstätigkeit erleiden.[8] Dieser Trend hat sich noch verschärft. Im März 2023 wurde ein neuer Rekord mit 1,98 Millionen offenen Stellen aufgestellt.[9]"

Ein Raunen geht durch den Raum.

„Ja, das ist eine enorme Zahl. Fehlende Kitaplätze, mangelndes Lehrpersonal, geschlossene Gaststätten, nicht vorhandene Pflegekräfte und lange Warteschlangen in den Flughäfen, weil die Gepäckabfertigung keine Leute hat – wir sind alle betroffen von den Auswirkungen des Arbeitskräftemangels. Die Zeit bis zur Besetzung eines offenen Arbeitsplatzes

---

[6]   vgl. Daniela Eberhardt, „Generationen zusammen führen", 3. Auflage, S. 25.

[7]   Titel Spiegel Nr. 22, 27.5.2023: „Wir machen uns nicht mehr kaputt! Warum die Generation Z anders arbeiten will – und damit jetzt alle ansteckt".

[8]   Quelle: Randstad-ifo-Personalleiterbefragung Q 4 2021.

[9]   Kubis, Alexander (2023): IAB-Stellenerhebung 1/2023: 1,75 Millionen offene Stellen am Arbeitsmarkt, In: IAB-Forum 11. Mai 2023, https://www.iab-forum.de/iab-stellenerhebung-1-2023-175-millionen-offene-stellen-am-arbeitsmarkt/ [29.08.2023].

dauerte im Zeitraum von April 2021 bis März 2022 im Durchschnitt 124 Tage,[10] also rund vier Monate. So auch bei uns; eine Stelle konnten wir sogar fast 10 Monate lang nicht besetzen. In dieser Zeit mussten wir den Betrieb mit Überstunden aufrechterhalten.[11] Deshalb haben wir viele Anträge auf Teilzeit abgelehnt, und das hat dann dazu geführt, dass das Arbeitsklima richtig schlecht wurde und wir einige richtig gute Leute verloren haben.“

Überall zustimmendes Nicken.

„Sie müssen bedenken“, erklärt Barbara weiter, „dass die jüngeren Beschäftigten sich weniger mit ihrem Unternehmen identifizieren. Lediglich 34 Prozent der jungen Beschäftigten identifizieren sich noch mit ihrem Arbeitgeber,[12] und genau aus diesem Grund haben sie eine viel größere Wechselbereitschaft.[13] Wenn wir weiter so stur unsere Auffassung von Führung und Arbeitskultur durchziehen, werden wir die Quittung in Form von Kündigungen bekommen. Diese verschärfen dann wieder das Problem. Ein Teufelskreis! Das ging bei uns damals so weit, dass wir darüber nachdenken mussten, Teile des Betriebes stillzulegen. So durfte es nicht weitergehen. Daher haben wir entschieden: Der wichtigste Ansatz zur Erreichung unserer Ziele ist die Zufriedenheit der Beschäftigten. Wir wollen ein guter Arbeitgeber sein. Wir wollen, dass die Beschäftigten gern bei uns arbeiten und das auch weiterverbreiten. Im AOK-Fehlzeitenreport 2022 ist zu lesen, dass soziale Unternehmensführung die Gesundheit der Beschäftigten fördert. Das wollen wir. Runter mit den Fehlzeiten, rauf mit der Gesundheit!“

Viele klatschen, und Barbara nutzt die kurze Pause, um einen Schluck Wasser zu trinken. Als wieder Ruhe eingekehrt ist, räuspert sie sich und erläutert:

---

[10] Bundesagentur für Arbeit (Hrsg.), 2022. Berichte: Blickpunkt Arbeitsmarkt. Monatsbericht zum Arbeits- und Ausbildungsmarkt, S. 11: https://statistik.arbeitsagentur.de/Statistikdaten/Detail/202203/arbeitsmarktberichte/monatsbericht-monatsbericht/monatsbericht-d-0-202203-pdf.pdf?__blob=publicationFile&v=1.

[11] Der Auf- bzw. Abbau von Überstunden bleibt das am häufigsten genutzte Flexibilisierungsinstrument. Mit einem Anteil von 93 % wird dieses Instrument in nahezu allen Unternehmen und über das gesamte letzte Jahr hinweg unverändert häufig genutzt.

[12] Quelle: Randstad new work trendreport.

[13] Gallup Engagement Index 2022 Deutschland, S. 1.

„Wir mussten also etwas anders machen als bisher. Nur was? Wir nutzten die Beschäftigtenbefragung im Rahmen der psychischen Gefährdungsbeurteilung[14] auch dafür, zu erfahren, was die Belastungen, die Vorstellungen und Wünsche der Beschäftigten sind. Wir haben uns von einer Beraterin den Prozess organisieren lassen. Zu Beginn haben wir eine Steuerungsgruppe gebildet, in der neben einem Betriebsratsmitglied und Führungskräften auch junge Beschäftigte beteiligt waren. Wir wollten, dass alle relevanten Einheiten vertreten sind. Die Befragung fand online statt. Die Beraterin hat uns in der Steuerungsgruppe die aufbereiteten Ergebnisse der Befragung vorgestellt. In einem Workshop haben wir zusammen mit der Gruppe Ideen für Maßnahmen entwickelt.

Die Ergebnisse der Befragung und die Ideen für Maßnahmen haben wir in einer Beschäftigtenversammlung vorgestellt. Die Beschäftigten konnten priorisieren, welche Maßnahmen sie besonders wichtig finden. Sie konnten auch Feedback geben und weitere Vorschläge machen. Wir haben dann für die wichtigsten Themen je eine Arbeitsgruppe gebildet, die die Veränderungsvorhaben weiter ausarbeitete. Dabei sollten die Vorstellungen der Beschäftigten und die Anforderungen, die wir als Arbeitgeber haben, berücksichtigt werden.

Und wir haben uns weitere Unterstützung geholt. Es gibt geförderte Programme, die gerade kleinen und mittleren Unternehmen dabei helfen, ihre Arbeitsorganisation zukunftsfähig weiterzuentwickeln. Ein Programm, das uns sehr geholfen hat, heißt INQA-Coaching.[15] Hier bekamen wir 80 Prozent der Kosten für die Beratung aus EU-Mitteln und vom Bundesarbeitsministerium erstattet.“

Barbara sieht, wie viele sich Notizen machen, und hält kurz inne.

„INQA-Coaching“, wiederholt sie daher, „I-N-Q-A, das steht für ‚Initiative Neue Qualität der Arbeit‘. Durch diese Beratung haben wir gemeinsam mit unseren Beschäftigten, den Führungskräften und dem Betriebsrat Lösungen für die zentralen Herausforderungen gefunden.“

Barbara hebt die Hand und zeigt mit dem Daumen eine Eins:

---

[14] Nach § 5 Arbeitsschutzgesetz müssen auch die psychischen Belastungen überprüft werden.

[15] INQA bedeutet „Initiative Neue Qualität der Arbeit“, https://www.inqa.de/DE/handeln/inqa-coaching/uebersicht.html.

„Die erste Lösung: **individualisierte Arbeitszeitmodelle.** Wir haben heute mehr Flexibilität beim Arbeitsort und der Arbeitszeit. Wir berücksichtigen stärker die individuellen Wünsche der Beschäftigten, auch bei der Planung von Dienstplänen. Wir nutzen ein Abfragetool, um die Wünsche abzufragen.[16] Wir machen mehr Teilzeit möglich, auch für Führungskräfte. Denn die zeitliche Flexibilität zählt zu den entscheidenden Kriterien bei der Arbeitgeberwahl: 77 Prozent der Beschäftigten bezeichnen das als wichtig oder sogar sehr wichtig. 46,1 Prozent würden erst gar keinen Job annehmen, der ihnen nicht ausreichend zeitliche Flexibilität bietet. 20 Prozent der Beschäftigten haben wegen mangelnder Flexibilität schon einmal einen Job gekündigt – unter den 18- bis 24-Jährigen sind es sogar 38,2 Prozent.[17]"

Nun kommt der Zeigefinger dazu und Barbara sagt:

„Unser zweiter Ansatzpunkt: **die Weiterentwicklung der Führungsarbeit.** Wir schulen unsere Führungskräfte und sensibilisieren sie für den Führungsstil, der besser zu den Jungen passt. Führen auf Augenhöhe ist für die jüngeren Generationen besonders wichtig. Durch keinen anderen Führungsstil werden Sie die jüngeren Generationen zufriedener und produktiver machen.[18] Jüngere sind es aus dem Elternhaus gewohnt, über Probleme auf Augenhöhe zu sprechen und so Lösungen zu erarbeiten. Sie wollen viel Feedback, sinnvolle Kritik und Lob.[19]"

Barbaras dritter Finger zeigt nach oben:

„Dazu passt die Arbeitsform ‚**agiles Arbeiten**' besonders gut. Wir haben einige unserer Prozesse auf agiles Arbeiten umgestellt und experimentieren z.B. mit Scrum. Das ist eine Methode, die zur effektiven und flexiblen Umsetzung komplexer Aufgaben und Projekte entwickelt wurde. Projekte werden in kurzen, festgelegten Zeitspannen, sogenannten Sprints, durchgeführt. Scrum fördert die Zusammenarbeit im Team, die kontinuierliche Verbesserung und die Flexibilität, um sich auf Änderungen und Kundenbedürfnisse einzustellen.

---

[16] Z.B. Dienstplan Doodle, doodle.com/de/staff-scheduling/.

[17] Quelle: Randstad Arbeitsbarometer 23.2.2023.

[18] Schlotter und Hubert „Generation Z – Personalmanagement und Führung, S. 33.

[19] Schlotter und Huber, S. 33, 34.

Aber es gibt auch für uns noch einiges zu tun. Unsere Beschäftigten wünschen sich mehrheitlich eine offene, angenehme und vertrauenswürdige Unternehmenskultur, interessante und herausfordernde Arbeitsaufgaben, Sinnstiftung durch die Vereinbarkeit der eigenen Wertvorstellungen sowie persönliche Identifikation mit der beruflichen Tätigkeit, unterstützende und motivierende Führungskräfte, umfassende Entwicklungsmöglichkeiten, Familienfreundlichkeit durch Elternzeit und Kinderbetreuung.[20] Bei diesen Themen arbeiten wir noch an der Umsetzung. Außerdem bemühen wir uns als Unternehmensleitung darum, uns wirklich für Verbesserungsvorschläge zu interessieren und einen konstruktiven Umgang mit Kritik zu üben.[21]

Mein Fazit: Auch die jungen Generationen wollen arbeiten. Sie arbeiten auch gern und viel. Doch sie wollen viel mehr selbst entscheiden. Sie verlangen von uns Babyboomern, dass wir auf sie eingehen, sie ernst nehmen und mit ihnen Lösungen auf Augenhöhe suchen. Sie wollen flexible und individuelle Lösungen für Arbeitszeit und Arbeitsort. Sie wollen Feedback, Fortbildungen und sich weiterentwickeln.

Wir wollen Berührungsängste zwischen den Generationen mit altersgemischten Teams abbauen und pflegen regelmäßig den gemeinsamen Gedankenaustausch.

Die Stimmung in unserem Unternehmen hat sich bereits spürbar verbessert. Wir haben bereits weniger Fehlzeiten. In einem Jahr werden wir die Befragung wiederholen und prüfen, ob wir auf dem richtigen Weg sind und woran wir weiterarbeiten müssen. Wir wollen im ständigen Dialog mit den Beschäftigten bleiben.

Ich kann Ihnen nur empfehlen: Beharren Sie nicht darauf, dass die Arbeitswelt so zu sein hat, wie es für Sie richtig war. Warten Sie nicht ab. Wenn Sie nichts tun, wird die Situation nur schlechter. Führen Sie den Dialog mit den jüngeren Generationen und machen Sie sich auf den Weg in eine erfolgreiche Zukunft."

---

[20] Quelle: Julia Ruthus, Arbeitgeberattraktivität aus Sicht der Generation Y, S. 34.

[21] www.randstad.de/hr-portal/unternehmensfuehrung/was-erwartet-gen-z-talk-bahr-jager/.

Tosender Applaus setzt ein. Lächelnd grüßt Barbara ins Publikum und verlässt das Rednerpult in dem Bewusstsein, mit ihrem Vortrag vielen neue Denkanstöße gegeben zu haben.

Literatur und Quellen

Bundesagentur für Arbeit (Hrsg.), 2022. Berichte: Blickpunkt Arbeitsmarkt. Monatsbericht zum Arbeits- und Ausbildungsmarkt, S. 11 – https://statistik.arbeitsagentur.de/Statistikdaten/Detail/202203/arbeitsmarktberichte/monatsbericht-monatsbericht/monatsbericht-d-0-202203-pdf.pdf?__blob=publicationFile&v=1

Der Spiegel Nr. 22, 27.5.2023: „Wir machen uns nicht mehr kaputt! Warum die Generation Z anders arbeiten will – und damit jetzt alle ansteckt"

Eberhardt, Daniela: „Generationen zusammen führen", 3. Auflage.

Gallup Engagement Index 2022 Deutschland, S. 1.

Haufe: www.haufe.de/personal/hr-management/fluktuation-wechselbereitschaft-der-arbeitnehmer-steigt_80_193940.html

Haufe: www.haufe.de/personal/hr-management/immer-mehr-beschaeftigte-kuendigen-in-der-onboarding-phase_80_567688.html

INQA, https://www.inqa.de/DE/handeln/inqa-coaching/uebersicht.html

Kubis, Alexander (2023): IAB-Stellenerhebung 4/2022: Neuer Rekord mit 1,98 Millionen offenen Stellen, In: IAB-Forum 9. März 2023, https://www.iab-forum.de/iab-stellenerhebung-4-2022-neuer-rekord-mit-198-millionen-offenen-stellen/ [12.05.2023]

Randstad: www.randstad.de/hr-portal/unternehmensfuehrung/was-erwartet-gen-z-talk-bahr-jager/

Randstad Arbeitsbarometer 23.2.2023.

Randstand-ifo-Personalleiterbefragung Q 4 2021.

Randstad new work trendreport

Ruthus, Julia: „Arbeitgeberattraktivität aus Sicht der Generation Y"

Schlotter, Lorenz und Philipp Hubert: „Generation Z – Personalmanagement und Führung"

© Kerstin Bernhardt

Dr. Anja Henke

Dr. Anja Henke ist Expertin für Unternehmenswachstum.

Mit den von ihr entwickelten „9 Schlüsseln für Wachstum" hat sie hat die DNA des Unternehmenswachstums decodiert – die Welt der Zahlen und Logik mit der von Menschen und Mindset verbunden. Mehr als 300 Projekte belegen, dass ihr System funktioniert.

Mit ihr bestimmen Sie die Chancen im Unternehmen, entwickeln passende Strategien und setzen diese sicher um, für dauerhafte Erfolge.

Hier die Eckdaten:

- Promovierte Biologin (Humangenetik)
- Top Management Beraterin bei McKinsey
- Gründerin von Carpe Viam
- Autorin von „Wachstum in gesättigten Märkten" (Springer Gabler) sowie zahlreicher Fachartikel, u.a. capital.de, Handelsblatt; Keynote Speakerin
- Zertifizierter Coach (ICF)

„Entscheidende Innovationen in Umbruchszeiten gingen stets von der Wirtschaft aus, von mutigen Unternehmern. Mit solchen Leadern baue ich Brücken von der Gegenwart in die Zukunft, breite Brücken, über die viele Menschen gehen können. Wer das tut, bleibt nicht unberührt. Daher sind Charakterbildung und Unternehmenswachstum eng miteinander verwoben. Diese Prozesse setze ich mit Ihnen um." – Dr. Anja Henke

www.carpeviam.com
a.henke@carpeviam.com

Die Zukunft der deutschen Wirtschaft: Strategien der Wachstumschampions

Die „Deutsche Angst" hat sich in der Gesellschaft festgesetzt und auch die Top-Management-Etagen der deutschen Wirtschaft erreicht. Die Kennzahlen zeigen Wachstumsschwäche, Wohlstandsverluste und düstere Aussichten. Da ist es leicht, die Zuversicht zu verlieren. Doch mit einer solchen Haltung würden wir die Negativspirale beschleunigen. Ist das die Zukunft, die wir wollen? Sicherlich nicht.

Zum Glück prosperieren manche Unternehmen auch in schlechten Zeiten. Demnach hängt unser Schicksal nicht nur von äußeren Umständen ab. Vielmehr halten wir selbst das Steuer in Richtung Zukunft in der Hand. Ein großer Teil der Verantwortung für den Wandel in dieser Zeit liegt bei der Wirtschaft. Daher ist es dort besonders wichtig, das Richtige zu tun. Was das konkret heißt, betrachten wir hier. Zeitlose Erfolgsfaktoren dienen als Radar, etwa innere Ressourcen, gute Strategien, systematische Mustererkennung und eingebundene Menschen. Lassen Sie uns dieses Wissen nutzen, um neue Wachstumsstärke zu realisieren und eine Zukunft zu gestalten, die für alle Beteiligten erstrebenswert ist.

> *„Mehr als die Vergangenheit interessiert mich die Zukunft, denn in ihr gedenke ich zu leben."*

> – Albert Einstein

Teil 1: Der Blick in die Zukunft ist düster

Deutsche Wirtschaft – massiver Druck

Der Blick in die Zukunft ist derzeit wenig optimistisch. Die Wirtschaft in Deutschland stagniert oder schrumpft. Langfristig ist wenig Wachstum in Sicht. Die Reallöhne steigen langsam. Die Inflation ist hoch und frisst Konsumkraft wie Erspartes auf. Die Bevölkerung altert. Arbeitskräfte werden knapp. Sozial- und Gesundheitssysteme sind unter Druck. Der Bedarf nach Investitionen in Infrastruktur und Digitalisierung ist gewaltig. Zudem folgen wir dem schon fast „heiligen Gral" des Klimaschutzes, koste es, was es wolle. Die dort liegenden Impulse für Wachstum entstehen im Ausland, etwa für die Fotovoltaikindustrie in China.

Wird die wirtschaftliche Misere breite Realität, entstehen Brutstätten des Populismus. Populisten versprechen Schutz vor Veränderung, die Rückkehr der „guten alten Zeit". Sie schränken den Markt ein, fordern „Gerechtigkeit", wollen verbieten und rationieren. Die Ergebnisse solcher Ideen waren immer fatal. Und – alle diese Entwicklungen sind Mitte 2023 bereits eingetreten.

Deutsche Unternehmen – schlecht gerüstet

Wenn wir davon ausgehen, dass der Wandel in dieser Zeit aus der Wirtschaft kommen muss, brauchen wir eine Situationsanalyse. Diese ist ernüchternd. Um deutsche Unternehmen ist es nicht gut bestellt. Im internationalen Vergleich sind Unternehmen in Deutschland schon länger schwach in Wachstum und Profit.[1, 2] Die niedrigen Bewertungen an der Börse sprechen eine klare Sprache. Einige der einst stolzen Konzerne sind heute fast Pennystocks.

> *„Am Gewinn ist noch keine Firma kaputtgegangen."*
>
> – Hermann Simon

In dieser Situation kann man die Hoffnung verlieren, auch als beherzter Executive und Unternehmer. Eigentümer verkaufen bereits ihre Unternehmen. Bei Vaillant gingen im April 2023 große Teile des Betriebs in die Hände von Carrier Global in den USA.[3] Andere Unternehmen verlegen die Produktion ins Ausland, etwa der Automobilzulieferer Kostal. Durch eine marode Brücke ist das Unternehmen von der Logistik abgeschnitten.[4] Die Produktion anderer Unternehmen geht ebenfalls mehr und mehr ins Ausland, denn hohe Energiekosten erschweren die Wettbewerbsfähigkeit. Noch dazu schürt die Presse täglich mit apokalyptischen Szenarien Ängste. Doch ist der Teufel des Niedergangs, der an die Wand gemalt wird, real?

---

[1] Kron, Alexander / EY: Top 1.000 Welt. Die weltweit 1.000 umsatzstärksten Unternehmen (Geschäftsjahr 2018), 2019.

[2] Simon, Hermann: Am Gewinn ist noch keine Firma kaputtgegangen. Campus Verlag 2020.

[3] Knieps, Stephan: Umbruch auf dem Heizungsmarkt: Die Wertschöpfung fließt ab. In: WirtschaftsWoche 27.04.2023.

[4] Schulte, Jan: Rückzug aus dem Sauerland. In: WirtschaftsWoche 20.08.2022.

Zwischen Hoffen und Bangen

Die Sorgen sind berechtigt. Die aktuelle wirtschaftliche Situation ist bedrohlich. Denn sinkender Wohlstand führt zu einer Verschlechterung der Lage – für Mensch wie Umwelt. Daher müssen wir die Situation mit vereinten Kräften ins Positive drehen, getragen von Veränderungen in der Wirtschaft.

Fakt ist: Global gesehen haben in den letzten Jahrzehnten viele Menschen Wohlstand gewonnen.[5] Zugleich haben etliche Länder ihr Wirtschaftswachstum vom CO_2-Ausstoß abgekoppelt; dabei handelt es sich durch die Bank um wohlhabende Länder. Auch kann die aktuelle Entwicklung rund um AI zu Lösungen beitragen: Arbeit von uns Menschen übernehmen und die Produktivität in den Unternehmen steigern. Leider sind wir in Deutschland hier eher Nachzügler als frühe Nutzer neuer Technologien. Dennoch schlummern in diesen Technologien Zukunftschancen, die wir nutzen müssen. Die Veränderung ist unaufhaltsam.

Wie Wachstum entsteht

Der schnellste Weg zur Sicherung von Wohlstand wie auch zum Schutz der Natur liegt also in nachhaltigem wirtschaftlichem Wachstum. Um das zu bewerkstelligen, müssen wir die Quellen des wirtschaftlichen Wachstums betrachten. Wachstum hängt, vereinfacht gesagt, von drei Einsatzfaktoren ab (nach Nobelpreisträger Robert Solow[6]):

1. Kapital – das wird gerade teurer,
2. Erwerbstätige – die werden bereits weniger,
3. Technologischer Fortschritt – hier liegen wertvolle Chancen.

Derzeit sind die Chancen des technologischen Fortschritts durch eine alternde Bevölkerung begrenzt, denn diese ist statistisch weniger innovativ als eine jüngere. Doch genau hier können Executives in den Unternehmen mit klugen Strategien der Zusammenarbeit und des Wissenstransfers ansetzen. Zudem ist nachhaltiges Wachstum kein Buch mit sieben Siegeln. Vielmehr kennen wir die Erfolgsfaktoren, um Wachs-

---

[5] Lund, J.K.: The world is more prosperous than ever. In: Risk & Progress, 16.02.23.

[6] Solow, Robert: Solow-Swan model. In: Wikipedia.

tumschampions aufzubauen. Also lassen Sie uns eine Reise starten und konkrete Schritte gehen, mit denen wir die Zukunft der deutschen Wirtschaft positiv gestalten können.

Teil 2: Der Turnaround für Wachstum

Der Weg zu neuem Wachstum und einer erstrebenswerten Zukunft startet im Innen, mit unserem Denken oder Mindset.

1. Erfolgsfaktor Mindset – innere Ressourcen

Der Turnaround für Wachstum startet in unserem Kopf. Das ist bei jeder Veränderung so. Denn mehr oder weniger vom Gleichen führt nicht in eine bessere Zukunft. Werfen wir daher einen Blick auf fundamentale Denk- und Verhaltensmuster, welche die Türen zu Chancen verschließen oder öffnen.

Fakten und Interpretationen. Manager bauen auf Zahlen, Daten und Fakten. Doch weitaus entscheidender ist, wie darüber nachgedacht wird. Fakten sind unschuldig. Unsere Interpretation der Fakten macht den Unterschied. Dummerweise bemerken wir unsere schnellen Bewertungen meist nicht. Eine Zahl kommt auf den Tisch. Ist die hoch oder niedrig? Was erzählt sie uns? Woher kommt sie? Wohin will sie uns führen? Sobald wir die Zahlen von den unterschiedlichen Interpretationen trennen, werden sachliche Notwendigkeiten leichter erkennbar. Das eröffnet enorme Wettbewerbsvorteile. Ebenso können wir leicht abschätzen, wie andere denken. Damit werden Strategien vorhersehbar. Wer keine hohe Ambition hat und sich mit anderen vergleicht, wird Mittelmaß bleiben. Wer Angst vor Veränderungen hat, wird nur kleine Schritte machen. Das ist eine etwas andere Form der Wettbewerbsanalyse. Ein Tipp: Gerade hier hilft ein Verständnis der „Behavioral Economics", der Verzerrungen unserer Wahrnehmung.

Jammern gilt nicht, sondern anpacken. Um Strategien für Wachstum anzupacken, müssen wir unsere Macht zurückholen. Die geht leicht und alltäglich verloren: mit Jammern, Rechtfertigungen, Ausreden, Schuldzuweisungen … Dies ist menschlich, doch zugleich einer der größten Produktivitäts-Vernichter in Wirtschaft und Gesellschaft. Daher sollten wir schauen: Was kann ich tun, um die Situation zu verändern? Dieser Leitgedanke öffnet neue Lösungen und setzt Ressourcen frei.

Wir brauchen Probleme. Wie bitte? Ja, wir brauchen Probleme, denn in jedem steckt Potenzial für Wachstum, gar der Nukleus für neue Geschäfte. Zum Glück haben wir viele Probleme. Leider werden diese heute lieber ignoriert oder „weggemacht". Wenn wir diese stattdessen angehen, benötigen wir gutes Problem Solving. Logik reicht dafür nicht aus. Denn das Aufteilen eines Problems in seine Teile, um diese separat zu lösen, führt zu ungewollten Konsequenzen. Wechselwirkungen sind ausgeblendet. In der Coronavirus-Pandemie wurden die Effekte deutlich: Getrimmt auf Effizienz brachen die Lieferketten zusammen und damit unsere Versorgungssicherheit. Die Abhängigkeit von Arzneistoffen, die im Ausland produziert werden, wurde uns dramatisch bewusst. Die Folgen spüren wir noch immer. Wie also sollten wir Probleme lösen? Wir müssen verstehen, wo die eigentlichen Ursachen liegen, und diese angehen. Denn ein Problem weist uns auf einen Umstand hin, den wir ändern sollten. So ist Umsatzschwäche nicht mit hohen Kosten zu begründen, vielmehr mit erodierenden Zielmärkten, veralteten Strategien oder ungünstigen Denkweisen. In einer namhaften Bank war der eigentliche Grund für die schmerzhafte Ertragsschwäche eine geringe Kundenorientierung. Leider besteht dieses Problem bis heute fort. Der Markt erteilt die Quittung.

Komfortzonen verlassen. Wachstum verändert unsere liebgewonnenen Routinen und fordert zum Lernen auf. Dummerweise ist der Weg hinaus aus Komfortzonen mit unschönen Gefühlen wie Unsicherheit und Angst gepflastert. Wer will das schon? Die unbequeme Wahrheit ist: Wir alle müssen durch diese Gefühlsschicht hindurch. Wer also Zukunft gestalten will, muss die Öhrchen anlegen und sich durch die „Angstzone" hindurchbewegen. Keine Sorge, uns allen geht es so. Das Wissen über diesen Mechanismus hilft dabei.

Chancen sehen. Viele Manger denken, dass es in der westlichen Welt keine Chancen für Wachstum gibt. Aus dieser Perspektive ist es logisch, nach Hilfe zu rufen, meist in Richtung Staat. So waren im Juni 2023 die Betriebsräte von ZF, Mahle und Bosch, im Bundeskanzleramt, um Unterstützung für die Transformation der Unternehmen zu erflehen.[7] Bleibt Rettung aus, ist die Restrukturierung der nächste Schritt. Kein Wunder, dass diese Maßnahmen einen wahren Boom erleben. Auch der

[7] Class, Tatje; Hucko, Margret: Was die Betriebsrat-Bosse von ZF, Bosch und Mahle im Kanzleramt wollen. In: manager magazin 08.06.2023.

Zusammenschluss mit anderen Unternehmen kann erfolgen. So wurde Thyssenkrupp-Stahl erst restrukturiert und sollte dann verkauft werden. Nach dem Scheitern dieser Pläne ist die klimaneutrale Stahlproduktion ein neuer Strohhalm, natürlich mit staatlichen Geldern.[8] Doch es gibt immer Chancen. Diese finden sich zuerst in den Köpfen und Schubladen der Mitarbeiter. Potenziale, die dort schlummern, starten bei zehn bis 20 Prozent mehr Umsatz und Profit. Mithilfe einer Strategie, die solche Potenziale anzapfte, hat eine große deutsche Bank auch in Zeiten der Finanzkrise Erträge gesteigert, allen Widrigkeiten zum Trotz.

* * *

Unsere inneren Ressourcen sind eine wichtige Grundlage für Wachstum und Zukunftsgestaltung. Doch es braucht mehr: gute Strategien, Mustererkennung, Umsetzung mit den Menschen und die passende Führung.

2. Erfolgsfaktor Strategien – gutes Handwerk

Strategie wird oft wie der „heilige Gral" der Führung dargestellt. Kaum einer kann es. Wem eine gute Strategie gelingt, der wird als Guru gefeiert. Doch das ist Nonsens. Im Kern erfordert Strategie „nur" gutes Handwerk, Wissen über das Unternehmen und einen klaren Kopf. Der Dialog mit den Menschen kommt hinzu.

Der Dreiklang „Ausschöpfen, Ausbauen, Erobern" liefert eine gute Struktur, um Impact Strategien™ zu entwickeln.

Ausschöpfen. Die Grundlage aller Strategien ist das Ausschöpfen von vorhandenen Potenzialen. Dafür benötigen wir nicht einmal eine neue Strategie – einen guten Moderator vielleicht. Denn hier geht es darum, mit der Belegschaft vorhandene Potenziale im Unternehmen zu beziffern und Ansatzpunkte für das Handeln zu bestimmen. In wenigen Stunden entsteht so eine Wachstumsagenda, die gemeinsam getragen ist.

Ausbauen. Das Ausbauen des Geschäfts geht vom Kerngeschäft aus in benachbarte Felder, mit Innovationen in Produkten und Dienstleis-

---

[8] Offizielle Webpage Thyssenkrupp-Steel.com, Strategie 20-30: Unser Weg nach vorne (Juli 2023).

tungen. Portfolio-Methoden mit definierten Kennzahlen erleichtern die Priorisierung. So hat ein Chemieunternehmen neue Märkte für die Reinigungschemie erschlossen, von der Fleischindustrie hin zu vegetarischen Produkten, Tiefkühlkost und Großküchen. Geschäftsmodellinnovationen gehören ebenfalls in dieses Feld. Diese sind eher Aufgabe der Leitung, da das Gesamtunternehmen im Fokus ist. Mithilfe des Business Model Canvas ist dies gut machbar.[9] So hat die Geschäftsführung eines Personaldienstleisters neue Geschäftsmodelle vorgedacht und dann gemeinsam mit den Führungskräften die Details entwickelt und umgesetzt.

Erobern / Erneuern. Für das Erobern neuer Geschäftsfelder spielt die Vorausschau eine große Rolle. Diese ist getragen von Mindset und Methoden der Futurologie, denn hier geht es um Strategien, die Zukunft gestalten. Dazu gleich mehr unter der Überschrift „Muster erkennen".

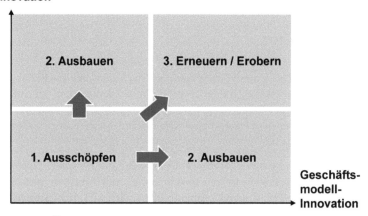

Produkt-/Service-Innovation

2. Ausbauen

3. Erneuern / Erobern

1. Ausschöpfen

2. Ausbauen

Geschäfts-modell-Innovation

Impact Strategien™

Aus meiner Erfahrung arbeiten nur wenige Unternehmen am Erobern neuer Geschäftsfelder. Für die Gestaltung der wirtschaftlichen Zukunft

---

[9] Osterwalder, Alexander; Pigneur, Yves: Business Model Generation. Campus Verlag 2011.

ist es erforderlich, dass Strategen hier deutlich aktiver werden. Die Kunst der Vorausschau hilft dabei.

3. Erfolgsfaktor Vorausschau – Muster erkennen

„In turbulenten Zeiten erhöht die Fähigkeit, vorausschauend zu handeln, die Erfolgschancen dramatisch."

– Joel Barker

Um in die Zukunft zu schauen, ist der Blick auf Muster unabdingbar. Diese verraten viel über Chancen und erforderliche Strategien. Damit ist Zukunft gestalten eine reale Möglichkeit.

Wachstumskurve. Dies mag auf den ersten Blick trivial erscheinen. Doch die sich hier zeigenden Muster sind grundlegend. Wenn wir sehen, wo ein Unternehmen auf der Wachstumskurve steht, ist klar, was als Nächstes passieren wird. Die Falle der Hybris wird deutlich. Die Achtsamkeit für Kennzahlen und Stimmungen steigt. Die richtige Strategie liegt klar auf dem Tisch. Dann ist es möglich, ein Unternehmen verlässlich in die Zukunft zu führen.

Besonders in der Phase des Niedergangs wird der Bedarf nach Ambidextrie deutlich: Das Unternehmen benötigt Strategien, um das bestehende („alte") Business möglichst lange profitabel zu halten, und zu gleicher Zeit Strategien der Erneuerung, um künftige Geschäftsfelder aufzubauen. Viele Unternehmen in Deutschland stehen heute inmitten solcher Herausforderungen.

Trends. Diese Methode ist das Feld der Zukunftsforscher. Doch das Aufzeigen von Trends ist nur beschreibend und führt oft genug die Vergangenheit. Das kann hilfreich sein. Zusätzlich sollte jeder Stratege die den Trends zugrunde liegenden Annahmen studieren, um gute Schlüsse zu ziehen. Ein beispielhafter Trend ist die steigende Zahl wohlhabender Konsumenten in den asiatischen Ländern. So war lange klar, dass Mobilität in China nicht mit den etablierten Technologien machbar ist. Wie also kann das Unternehmen von solchen Trends profitieren – oder die dortigen Entwicklungen unterstützen? Erst spezifische Antworten auf diese Fragen entwickeln die Organisation weiter. Das kann kein externer Futurologe übernehmen.

Disruption. Diese geschieht nicht zufällig oder beliebig, sondern ist vorhersehbar. Disruptive Veränderungen beginnen klein und unscheinbar. Daher sind sie erst einmal uninteressant für etablierte Unternehmen – und werden übersehen. Häufig liegt der Disruption nicht einmal eine neue Technologie zugrunde, sondern bekannte Teile werden zusammengesetzt. So hat Apple mithilfe von Apps aus dem Telefon einen Computer gemacht, das Smartphone. Oder schauen wir auf NIO, ein Unternehmen, das 2016 in der deutschen Automobilindustrie weitgehend unbekannt war. Generell wurden chinesische Automobilhersteller nicht ernst genommen. Nun ist die Wirklichkeit eine andere. Für das Gestalten der Zukunft brauchen wir also einen Radar für Disruption – oder müssen selbst für Disruptionen sorgen.

Wild Cards. Hierbei handelt es sich um unerwartete Ereignisse, die eine geringe Eintrittswahrscheinlichkeit, aber erheblich verändernde Wirkung auf die Zukunft haben. Wild Cards können Trends schlagartig verändern und Pläne durchkreuzen. Oft sind diese schon schleichend vorhanden, bevor sie breit sichtbar sind. Mit der Coronavirus-Pandemie haben wir eine Wild Card durchlebt. Noch 2019, im Jahr vor dem Ausbruch der Pandemie, hatten WHO / World Bank den Bericht „A World at Risk" publiziert, in dem genau davor gewarnt wurde.[10] Szenarien mit Wild Cards sind also ein „Muss"; diese können schneller da sein, als uns lieb ist.

Ungelöste Probleme. Probleme zeigen nicht nur Potenziale auf, sie führen auch in die Zukunft. Wir nutzen bestimmte Paradigmen, um Probleme zu lösen. Ähnlich wie bei der technologischen S-Kurve stoßen wir an Grenzen: Es tauchen Probleme auf, die im derzeitigen Paradigma nicht lösbar sind. Typischerweise legen wir diese Probleme als „unlösbar" zur Seite. Genau diese ausgelagerten Probleme sind der Schlüssel für die Gestaltung der Zukunft. Erst aus einem neuen Paradigma, einer neuen Denkweise heraus sind solche Probleme lösbar. Neue Paradigmen stammen oft von Querdenkern und aus der Wissenschaft.[11] Unternehmen, die neue

---

[10] GPMB: A World at Risk. Annual report on global preparedness on health emergencies. September 2019.

[11] Barker, Joel: Paradigms: Business of Discovering the Future. Harper Business; Reprint Edition 1993.

Paradigmen übersehen, können vom Markt verschwinden. Das betrifft auch Branchenführer. Kodak ist ein bekanntes Beispiel dafür, weil das Unternehmen den Übergang von der analogen zur digitalen Fotografie ausgeblendet hat. Inzwischen ist auch die deutsche Automobilindustrie betroffen; diese lebt noch im Paradigma Stückzahlen und Leistung, wo es heute um Mobilitätskonzepte geht.

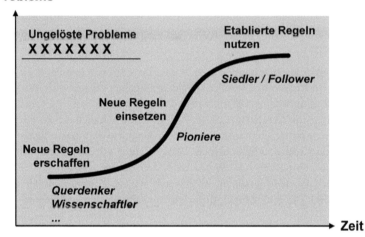

Ungelöste Probleme

Hier sei erneut betont, wie wichtig unsere Wahrnehmung ist, um Muster früh zu erkennen. Das ist leichter gesagt als getan, da Unternehmen in der Regel vollständig auf das aktuell gültige Paradigma eingestellt sind. Veränderung trifft daher auf Ablehnung, denn diese bringt das schön geordnete (Macht)System durcheinander. Das Gute ist: Es gibt immer Menschen, die Veränderungen früh erkennen. Diese müssen gehört werden, ideal eingebettet in einen strategischen Prozess. Denn die Akzeptanz des Wandels ist der einzige Weg, um in unserer dynamischen Wirtschaftswelt erfolgreich zu bleiben. Die Zukunft können wir nicht aufhalten; es liegt in unserer Hand, ob wir diese gestalten oder von ihr gestaltet werden.

***

Die fünf skizzierten Wege der Vorausschau sollen Inspiration sein. Weitere Methoden sind etwa die Korrelation von BIP-Entwicklung und Grundstoffverbrauch oder Kondratieff-Zyklen.

Teil 3: Der Mensch in der Umsetzung

1. Erfolgsfaktor Umsetzung – Menschen mitnehmen

Nun höre ich Sie schon sagen: „Ist ja alles gut und schön mit Mindset, Strategien und Mustern. Doch meine Leute können das nicht umsetzen." Das ist in der Tat eine Sorge, die weit verbreitet ist. Wenn dem so ist, gilt es, für die passende Führung sowie den Aufbau von Kompetenzen und Prozessen zu sorgen. Umsetzung ist machbar, wenn man einige Grundregeln befolgt.

„Ein Leader ist eine Person, der man an einen Ort folgt, an den man selbst nicht gehen würde."

– Joel Barker

Einsatz der Führungskräfte. Ohne die passende Besetzung kritischer Positionen im Unternehmen ist das Scheitern vorprogrammiert. Meist weiß jeder im Betrieb ganz genau, wer für welche Aufgabe richtig und wer falsch ist. Sind Besetzungsfehler passiert, ist eine Umplatzierung oder gar Trennung angesagt, um den Weg der Umsetzung freizumachen. So gab es in der IT-Abteilung eines Konzerns eine „Meuterei auf der Bounty", nachdem die falsch eingesetzte Führungskraft – mit vielen kreativen Ideen, doch ohne Struktur – jahrelang notwendige Veränderungen blockiert hatte. Der Stellvertreter übernahm die Leitung und baute die Bugwelle offener Themen ab. Dann konnte er mit seinem Team die Digitalisierung und die darauf aufbauende Wachstumsstrategie unterstützen.

Befähigung. Wenn Kompetenzen für die Gestaltung der Zukunft fehlen, sollten diese nicht im luftleeren Raum aufgebaut werden, sondern vielmehr entlang definierter Ziele. Dann werden Kompetenzen „messbar" in realisierten Ergebnissen. Das gelingt mit kurzen Kompetenzimpulsen, die in das Tagesgeschäft eingebettet sind. Typische Schwerpunkte sind Führung, Veränderung, Zusammenarbeit, Persönlichkeiten und Mindset.

Mit einem solchen Ansatz konnte ein Immobilienkonzern eine neue Software einführen; das Projekt war zuvor über Jahre hinweg gescheitert.

Steuerung. Ideal hilft ein Projektbüro bei der operativen Steuerung. Dies überwacht Ergebnisse, erkennt Engpässe früh und sorgt für Unterstützung. Bei Konflikten ist ein schnelles Eingreifen möglich. Mit etwas Engagement vermeiden Executives damit sogar die Ergebnisdelle, die oft bei komplexen Veränderungen auftaucht. Voraussetzung dafür ist, dass die Mannschaft motiviert ist und der Führungskraft gerne folgt. Dies ist einem Familienunternehmen bei der Post-Merger Integration von zwei Firmen gelungen. Mithilfe von Projektstruktur und -büro verlief der Integrationsprozess ungewöhnlich reibungslos und setzte direkt neue Wachstumsstärke frei.

2. Erfolgsfaktor Persönlichkeit – Weiterentwicklung

Wie schon deutlich wurde: Ohne Führung keine Gestaltung der Zukunft. Nun sind die Regale der Welt voll mit Literatur über Führung und Leadership. Dennoch gibt es nur wenige validierte und praxistaugliche Ansätze. Das Level-5 Leadership Model ist eines davon, da Recherchen über mehr als 60 Jahre zugrunde liegen.[12] Weiter empfehle ich die Gedanken von Peter Drucker[13], der bereits in den 50er-Jahren über die Produktivität von Wissensarbeitern schrieb.

> *„Die beste Art, die Zukunft vorherzusagen, ist, sie selbst zu kreieren."*
>
> – Peter Drucker

Level-5 Leader entwickeln. Sogenannte Level-5 Leader zeichnen sich durch eine paradoxe Mischung aus professioneller Willenskraft und persönlicher Demut aus. Dies sind nicht die Führungskräfte, die auf den Titelseiten der Magazine zu finden sind, sondern vielmehr solche, die sich der Zukunft des Unternehmens verschreiben. Sie tun das Richtige, um den Wachstumserfolg und damit die Zukunft des Unternehmens abzusichern:

---

[12] Collins, Jim: Good to Great: Why some companies make the leap ... and others don´t. Harper Business; Reprint Edition 2001.

[13] Drucker, Peter F.: The Practice of Management. Harper Business; Reissue Edition 2010.

- Sie stellen erst ein starkes Team auf, bevor sie sich um Ziele und Strategien kümmern.
- Sie nutzen drei Fragen, um das Unternehmen auszurichten: (1) Was können wir am besten auf der Welt? (2) Was begeistert uns? (3) Was sichert dauerhaft unseren Cashflow?
- Sie bringen die „brutale Wahrheit" auf den Tisch und bewahren im Angesicht der Fakten absolute Zuversicht.
- Sie stellen die stetige Anstrengung in Richtung Ziel sicher. Dabei nutzen sie ausgewählte Technologien, im Wissen, dass Technologie allein nicht die Lösung ist.
- Sie etablieren eine Kultur der Disziplin, sodass Hierarchien, Bürokratie und übertriebene Kontrolle überflüssig sind.

„Eine Kultur der Disziplin ist kein Business-Prinzip, sondern ein Prinzip der Größe."

– Jim Collins

Klingt das altmodisch? Vielleicht. Doch mit diesen zeitlosen Erfolgsfaktoren lassen sich die Wachstumschampions entwickeln, die Probleme lösen, Arbeitsplätze schaffen und unseren Wohlstand sichern.

Ausblick – Paradigmenwandel

Wir sind Zeitzeugen eines Paradigmenwandels auf vielen Ebenen. Neue Paradigmen machen Probleme lösbar, die zuvor unlösbar erschienen. Wer dies zuerst erkennt, hält die Schlüssel zur Zukunft in Händen. In der Wirtschaft gilt daher: Wer Probleme vermeidet, findet sich direkt in einer reaktiven Position wieder. Von hier aus ist nur noch der Staub zu sehen, den die Vorreiter auf ihrem Weg ins Neuland hinterlassen haben. Auch wenn an dieser Stelle keine Einsamkeit aufkommt, weil viele Unternehmen hier versammelt sind, lässt sich nicht leugnen: Dies ist eine Verliererposition. Die Vorreiter haben Kunden und Gewinne mitgenommen. Dann bleiben nur noch Restrukturierung, Verkauf, Verlagerung. Der Staat kann nicht alle retten.

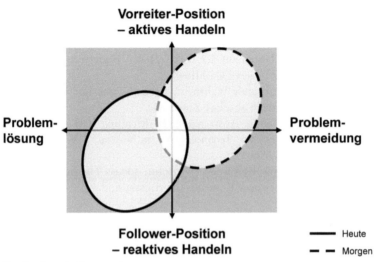

**Vorreiter-Position
– aktives Handeln**

**Problem-
lösung**

**Problem-
vermeidung**

**Follower-Position
– reaktives Handeln**

——— Heute

– – Morgen

Neue Paradigmen im Management

Deshalb ist es so wichtig, eine Vorreiter-Position einzunehmen und aktiv Zukunft zu gestalten. Probleme helfen dabei – plus die Erfolgsfaktoren, über die wir hier gesprochen haben. Ja, das ist ein konzertiertes und forderndes Programm. Doch jeder dieser Schritte ist machbar, mit ganz normalen Menschen. Führung ebnet diesen Weg. Denn Brücken in die Zukunft zu bauen ist eine der nobelsten Führungsaufgaben.

© Sabine Anderl Photography

Marion Hermann

Marion Hermann (M.A.) ist Coach, Trainerin, Beraterin, Autorin und Yogalehrende. Mit der Vision, mehr Achtsamkeit ins Business zu bringen, gründete sie „Businessbar – Personal- und Organisationsentwicklung, YOGA und Mee(h)r" und eröffnete ein Seminarhaus an der Nordseeküste. Als Nationalpark und Biosphärenreservatspartnerin Niedersächsisches Wattenmeer ist sie sehr naturverbunden und bezieht die Natur auch immer wieder in ihre Arbeit mit ein.

Marion Hermann hat einen Diplom- und Masterabschluss im Bereich der öffentlichen Verwaltung und jahrelange Erfahrung als Führungskräftetrainerin und in der Erwachsenenbildung. Sie ist ausgebildete Projekt- und Qualitätsmanagerin, Trainerin, systemischer Coach und Yogalehrende und begleitet Teams und Einzelpersonen in ihrer vielfältigen Entwicklung. Dabei hat sie immer einen achtsamen Fokus auf die Bedürfnisse ihres Gegenübers. Ihre Schwerpunkte liegen im Bereich Führung und Gesundheit, Resilienztraining und -coaching. Marion Hermann bietet Vor-Ort-, Inhouse- und Online-Seminare, Workshops und Trainings an. Ihren kreativen Weg in die Selbstständigkeit beschreibt sie in dem Buch „Businessbar", das – ergänzt um viele Tipps und Tools – am 1. Mai 2024 erscheint.

www.businessbar.de

Gesundheit und Achtsamkeit in Führung und Management – Zukunftskompetenz Achtsamkeit

Für Organisationen spielt die Gesundheit ihrer Mitarbeiterinnen und Mitarbeiter – und auch die der Führungskräfte – eine große Rolle. Sind diese doch ihre wichtigste Ressource! Dabei geht es jedoch nicht nur um Leistungssteigerung oder Optimierung: Organisationen tragen Verantwortung für die Menschen, die für sie arbeiten. Es ist wichtig, in den Führungsebenen der Unternehmen und Organisationen „anzufangen" und Gesundheit als Wert zu verankern. Denn Führungskräfte sind Gesundheitsvorbilder und haben Einfluss auf die Mitarbeitenden in ihren Verantwortungsbereichen.

Dieser Artikel wirft den Blick in erster Linie auf die Menschen, also die im Management handelnden (Führungs-)Personen, und die Auswirkungen des Handelns dieser Führungskräfte auf die Mitarbeitenden. Gleichzeitig sind aber auch achtsame Ansätze wichtig, die in Management-Strukturen von Unternehmen und Organisationen implementiert werden können, beispielsweise im Projektmanagement oder in der Personalentwicklung.

Wie starten Sie in den Tag?

Lara schläft meist nicht besonders gut, eher unruhig. Wenn dann der Wecker klingelt, fühlt sie sich matt und erschlagen. Ganz und gar nicht erholt. Sie drückt ein paarmal auf den Wecker und schläft immer wieder ein, bevor sie tatsächlich aufsteht. Oder ihr geht gleich im Kopf rum, was heute alles erledigt werden muss. In beiden Fällen steht sie hektisch auf, geht unter der Dusche bereits den Tag durch und verlässt ohne Frühstück das Haus.

Tom hingegen kann sich über seine Schlafqualität nicht beklagen. Meist wacht er ohne Wecker auf und startet voller Freude in den Tag. Er hat genügend Zeit, achtsam zu duschen und im Rahmen seiner Morgenroutine eine kleine Yogasequenz einzubauen. Manchmal frühstückt er noch gemütlich oder er nimmt sich einen gesunden Snack mit. In der Mittagspause macht er immer einen Spaziergang und nach der Arbeit erst einmal Sport. Nach einem erfüllten Abend reflektiert er den Tag und meditiert, bevor er zu Bett geht.

Natürlich habe ich in dieser Beschreibung Tom etwas idealisiert. Sein Lebenswandel und die Routinen, die er implementiert hat, hören sich vielleicht nach einem Wunschbild an. Aber stellen Sie sich einmal vor, Tom und Lara sind Ihr Kollege und Ihre Kollegin oder Ihre Führungskräfte. Wie begegnen sie Ihnen? Wie viel Kapazitäten haben die beiden wohl jeweils, um für die Fragen und Belange der anderen ansprechbar zu sein?

Nur wer gut für sich selbst sorgen kann, kann auch gut für andere sorgen und für sie da sein. Kann den Mitmenschen mit Offenheit, Gelassenheit und Ruhe begegnen und empathisch auf das Gegenüber reagieren, sich mit Kompetenz, Aufmerksamkeit und Achtsamkeit den Anliegen der Mitarbeitenden widmen und diese gut führen.

Gute Führung

Doch was bedeutet „gute Führung"? Führen meint soziale Einflussnahme. Und damit geht die Verantwortung einher, dies „gut" zu machen und nach ethischen Grundsätzen auszurichten.

Gute Führung kann als ein Dreiklang aus einer Kultur der Menschenwürde, Ethikorientierung und Exzellenz verstanden werden. In diesem Sinne meint gute Führung, die Mitarbeitenden für gemeinsame Visionen und Ziele zu gewinnen, um die Zukunft zu gestalten. Eine Kultur der Menschenwürde bedeutet, die Menschen, die in einer Organisation tätig sind, anständig, respektvoll und fair zu behandeln. Die Basis für ethikorientierte Führung besteht darin, dass die Führungsperson integer, glaubwürdig und berechenbar ist (Verantwortung, Vorbild, Verpflichtung). Und bei der Kultur der Exzellenz geht es um für Organisationen zweifellos wichtige (Spitzen-) Leistung, Qualität, Innovation und Nachhaltigkeit.[1]

Gute Führung – die „helle Seite" der Führung – beinhaltet zum einen die Erfolgsverantwortung (Bewirkung von Leistung zur Erreichung der Organisationsziele), aber auch die Humanverantwortung (Arbeit menschengerecht und gemäß ethischer Grundsätze gestalten).[2] Demgegenüber steht die „dunkle Seite" der Führung, die destruktive, toxische Führung.[3]

---

[1] Vgl. Frey (2015), S. 17.

[2] Vgl. Kuhn & Weibler (2012), S. 23.

[3] Vgl. Kuhn & Weibler (2012), S. 31 ff.

Gesunde Führung

Erfolgs- und Humanverantwortung in der sogenannten VUCA[4]-Welt, in einem agilen Umfeld zu übernehmen, stellt eine große Herausforderung an die heutigen Führungskräfte dar. Je mehr im Außen Flüchtigkeit, Schwankung und Wandel, Unsicherheit, Komplexität und Mehrdeutigkeit herrschen, umso mehr sollte der Fokus auf Beständigkeit, Sicherheit, Halt und Verständnis sowie Klarheit im Innen, in uns und in der Zusammenarbeit gelegt werden.[5] In Bezug auf die eigene (Führungs-)Person bedeutet dies bewusstes Wahrnehmen und Priorisieren der eigenen Situation und Gesundheit, um entsprechend handeln und führen zu können und eben diese Aufmerksamkeit auch auf die Mitarbeitenden zu richten.

Was kann/muss ich also tun, um selbst in Führung gesund zu bleiben und zur Gesundheit meiner Mitarbeitenden beizutragen? Und warum ist die Selbstfürsorge der Führungskraft dabei elementar?

Die Führungsqualität und die Gesundheit der Führungskräfte beeinflussen die Gesundheit und das Wohlbefinden der Mitarbeitenden. Dabei besteht ein direkter Einfluss von Führung, aber auch ein indirekter Einfluss durch Arbeitsgestaltung. Der Stress der Führungskräfte stellt ein Gesundheitsrisiko für Führungskräfte und Mitarbeitende dar, und Führungskräfte sind Gesundheitsvorbilder.[6]

Der Health-oriented Leadership-Ansatz (HoL-Ansatz)[7] macht dies mit dem „Haus gesundheitsförderlicher Führung" deutlich:

---

[4] VUCA: Akronym, das sich auf „volatility" („Volatilität"), „uncertainty" („Unsicherheit"), „complexity" („Komplexität") und „ambiguity" („Mehrdeutigkeit") bezieht.

[5] Diskutiert wird, ob die Antwort auf VUCA wiederum VUCA ist: „vision" („Vision"), „understanding" („Verstehen"), „clarity" („Klarheit") und „agility" („Agilität").

[6] Vgl. Franke, Ducki & Felfe (2015), S. 9.

[7] Vgl. Franke, Ducki & Felfe (2015), S. 9 bzw. Franke (2012), Franke & Felfe (2011).

Abbildung 1: Der HoL-Ansatz (Franke, 2012)

„Die Art und Weise, wie Führungskräfte mit ihrer Gesundheit umgehen, wie sie in Bezug auf ihre eigene Gesundheit denken, fühlen und handeln (SelfCare der Führungskraft), bildet das Fundament für die gesundheitsförderliche Mitarbeiterführung (StaffCare) und wirkt auch als Rollenmodell dafür, wie die Mitarbeiter mit ihrer eigenen Gesundheit umgehen (SelfCare der Mitarbeiter). Die Annahme ist, dass diese drei Aspekte mit höheren Ausprägungen von Gesundheit und Wohlbefinden und niedrigeren Ausprägungen von Stress und gesundheitlichen Beschwerden assoziiert sind. Basierend auf dem HoL-Ansatz wurde ein Instrument zur Erfassung gesundheitsförderlicher Führung entwickelt und in mehreren Feldstudien validiert. Die ersten empirischen Ergebnisse bestätigen die Grundannahmen des Modells weitgehend." [8]

Achtsamkeit – Trend mit Mehrwert

„Achtsamkeit ist ein Weg, unseren Geist und unser Bewusstsein zu schulen. Wir üben uns darin, aufmerksam mit unseren Gedanken, Gefühlen und unserem Körper umzugehen. Auf diese Weise entwickeln

---

[8]   Franke, Ducki & Felfe (2015), S. 8.

wir ein tiefes Verständnis von uns selbst und unserem Umgang mit der Welt und können so den eigenen Alltag mit seinen Herausforderungen besser bewältigen. Achtsamkeitspraxis lehrt innezuhalten und sich immer wieder zu fragen: Wie lebe ich im jetzigen Augenblick?"[9]

Der Begriff „Achtsamkeit" ist mittlerweile so geläufig, dass darauf verzichtet wird, ihn hier abschließend zu (er)klären. Allerdings soll im Folgenden auf verschiedene Aspekte näher eingegangen werden.

Achtsamkeit bezieht sich auf die formale Meditationspraxis, die als „Achtsamkeitsmeditation" bezeichnet wird, auf einen spezifischen Geistesfaktor der buddhistischen Lehre sowie in verschiedenen psychologischen Konzepten. Das Wort „Achtsamkeit", das auch im alltäglichen Sprachgebrauch Verwendung findet, beschreibt aber auch eine innere Grundhaltung gegenüber den eigenen Erfahrungen und Handlungen im Alltag (informelle Achtsamkeit). Jon Kabat-Zinn, der Begründer des Programms „Mindfulness-based stress reduction (MBSR)", beschreibt es als nicht-wertendes Gewahrsein im gegenwärtigen Moment (Präsenz). Weitere Qualitäten dieser Aufmerksamkeitsart sind Geduld, Anfängergeist, Vertrauen, Akzeptanz und Loslassen sowie (erweitert durch Shapiro und Schwartz) Sanftmut, Großzügigkeit, Empathie, Dankbarkeit und liebende Güte.[10]

Achtsamkeit wird nach Einordnung des Zukunftsinstituts mittlerweile als Trend verstanden – als Teil des Megatrends „Gesundheit" am Knotenpunkt zu den Megatrends „Individualisierung" und „Neo-Ökologie".[11]

„Achtsamkeit ist der wichtigste Gegentrend zur Erregungskultur und permanenten Reizüberflutung des digitalen Zeitalters. Immer häufiger hinterfragen wir die Art, wie wir mit uns und unserer real-digitalen Umwelt umgehen. Achtsamkeit ist mehr als ein Lifestyle-Thema, sie ist

---

[9] Quelle: https://www.mbsr-verband.de/ [05.07.2023].

[10] Vgl. Schmidt (2015), S. 21 ff. und weiterführend Kabat-Zinn (2019) sowie Shapiro und Schwartz (2000).

[11] Quelle: https://www.zukunftsinstitut.de/dossier/megatrends/#megatrend-map [05.07.2023].

die Wiederentdeckung des Hier und Jetzt und die Kunst, die eigenen Bedürfnisse zu kennen und die eigenen Werte zu leben."[12]

Achtsamkeit und Selbstfürsorge / Resilienz

Für den Begriff der Resilienz existiert keine allgemeingültige Definition. Im Sinne einer Widerstandsfähigkeit steht Resilienz für unser psychisches Immunsystem. Auch sind in der Literatur unterschiedliche Resilienzfaktoren zu finden, z.B. Optimismus, Akzeptanz, Selbstwirksamkeit, Netzwerkorientierung, Selbstregulation, Zukunfts- und Lösungsorientierung, Selbst- und Fremdwahrnehmung, Sinn- und Werteorientierung.[13]

Die hier als Elemente oder Qualitäten der Achtsamkeit bezeichneten Begriffe finden sich weitestgehend bei den Resilienzfaktoren wieder bzw. tragen zu deren Stärkung bei und sind auch in diesem Kontext bereits überwiegend sehr gut erforscht. Achtsamkeit wird sogar teilweise als eigener Resilienzfaktor gesehen.

Achtsame Führung

Korrespondierend mit dem positiv konnotierten „Trend Achtsamkeit" ist auch Achtsamkeit in der Führung nicht nur ein Hype:[14] „Achtsamkeit für Führende (resultiert) in verstärkter Aufmerksamkeits-, Emotions- und Verhaltensregulation, potenzierter Kognition, gesteigertem psychischen und körperlichen Wohlbefinden, optimiertem Arbeitsverhalten, erhöhter Leistungsfähigkeit, verbessertem Führungsverhalten sowie einer verbesserten Interaktion mit den Mitarbeitenden. (…) Die verbesserten Regulationsfähigkeiten und positiven Auswirkungen (legen) eine zukünftige Verankerung von Achtsamkeit als Kompetenz im Rahmen guter Führung und als Antwort auf die gegenwärtige Führungskomplexität nahe. Vor diesem Hintergrund ist Achtsamkeit in der Führung ein zusätzlicher Erkenntnisgewinn, der eine Veränderung von Führungsver-

---

[12] Quelle: https://www.zukunftsinstitut.de/artikel/megatrend-glossar/gesundheit-glossar/ [05.07.2023].

[13] Vgl. bspw. Bengel & Lyssenko (2015), Fröhlich-Gildhoff & Rönnau-Böse (2015), Reichhardt & Pusch (2023).

[14] Vgl. Kraus (2020), S. VI (Zusammenfassung).

halten und -kultur ermöglicht und damit einen nachhaltigen Mehrwert bietet."

Was bedeutet es nun, dies in die Arbeit zu integrieren, achtsam zu führen und Achtsamkeit sowie Gesundheit als Wert im Management nicht nur zu verstehen, sondern zu leben?

Elemente der Achtsamkeit sind bereits in einigen Führungskonzepten – insbesondere auch im Thema „Gesunde Führung" – enthalten, und es gibt mehr und mehr Forschung zu den Auswirkungen der einzelnen Qualitäten im Kontext der Führung. Exemplarisch seien hier folgende aufgeführt:

Die aktuelle Forschung zeigt, dass Resilienz- und Achtsamkeitstrainings wirken und auch vor Job-Burn-out schützen können.[15] Achtsamkeitsbasierte Interventionen am Arbeitsplatz haben erste vielversprechende Ergebnisse in Bezug auf die psychische Gesundheit von Mitarbeitenden und Führungskräften gezeigt,[16] und Achtsamkeit spielt eine wichtige Rolle beim Umgang mit Kritik.[17] Auch deuten Studien darauf hin, dass Achtsamkeitsinterventionen durch die verbesserte Wahrnehmung eigener Gefühle und achtsame Beobachtung die Empathie verbessern.[18]

Achtsame Führung kann dabei auf unterschiedlichen Ebenen ansetzen:[19]

---

[15] Vgl. Liu, J. J. W., Ein, N., Gervasio, J., Battaion, M., & Fung, K. (2022) und Zheng, Y., Gu, X., Jiang, M., & Zeng, X. (2022).

[16] Vgl. Bonde, E. H., Mikkelsen, E. G., Fjorback, L. O., & Juul, L. (2022).

[17] Vgl. Orosz, G., Evans, K. M., Török, L., Böthe, B., Tóth-Király, I., Sik, K., & Gál, É. (2023).

[18] Vgl. Hu, Z., Wen, Y., Wang, Y., Lin, Y., Shi, J., & Yu, Z. (2022).

[19] Angelehnt an das Vier-Faktoren-Modell der Themenzentrierten Interaktion nach Ruth Cohn.

Achtsame Führung

kann auf unterschiedlichen Ebenen ansetzen*:

Achtsame Arbeit
Projektmanagement

Arbeit

Umfeld / Organisation
Prävention, BGM
Achtsame Personal-
und Organisations-
entwicklung

*Führungs-
kraft*

*Zusammen-
arbeit*

Selbstreflexion
Selbstfürsorge
Resilienz

Feedback
Kommunikation
Konfliktmanagement

*angelehnt an das Vier-Faktoren-Modell der Themenzentrierten Interaktion nach Ruth Cohn.

Abbildung 2: Das organisationale Achtsamkeitsdreieck

Zunächst richtet sich der Fokus auf die Führungskraft selbst und die Reflexion des eigenen Verhaltens. Auch die Zusammenarbeit und Arbeit kann (insbesondere durch die Führungskraft) achtsam gestaltet werden. Auf organisationaler Ebene finden sich ebenfalls viele Ansatzpunkte, wie beispielsweise im Betrieblichen Gesundheitsmanagement und der Personal- und Organisationsentwicklung. Natürlich bestehen zwischen den einzelnen Ebenen Wechselwirkungen und entstehen gegebenenfalls Synergieeffekte. Und im besten Fall positive Auswirkungen nicht nur auf Arbeitszufriedenheit, Gesundheit und Wohlbefinden, sondern auch auf Arbeitsergebnisse und Leistung.

Nachfolgend wird ein Seminarkonzept zum Thema „Achtsame Führung"[20] kurz skizziert und beispielhaft ausgeführt. Abzugrenzen ist dieses Konzept von einem reinen Achtsamkeitstraining, das in diesem Kontext beim Betrieblichen Gesundheitsmanagement zu verankern wäre.

Seminarkonzept „Achtsame Führung"

In einem dreitägigen Seminarsetting werden die o.g. Ebenen nach und nach betrachtet und bearbeitet:

Der erste Tag steht ganz im Zeichen der Führungskraft. Die eigene Selbstfürsorge in Bezug auf Körper, Geist und Seele und die persönliche Resilienz werden betrachtet, Möglichkeiten des Ressourcenaufbaus und Belastungsabbaus identifiziert. Die eigenen Werte werden reflektiert. Verschiedene Achtsamkeitsübungen und das Aufzeigen von Möglichkeiten, Achtsamkeit im Alltag zu integrieren, runden den Tag ab.

Auf dieser Basis stehen am zweiten Tag die Zusammenarbeit und der Einfluss der Führung im Mittelpunkt. Der Blick wird beziehungsorientiert auf die anderen (eigene Mitarbeitende, Kolleginnen und Kollegen etc.) und die Möglichkeiten der achtsamen Kommunikation, Feedback und Konfliktmanagement gelegt.

---

[20] www.businessbar.de/#achtsamefuehrung.

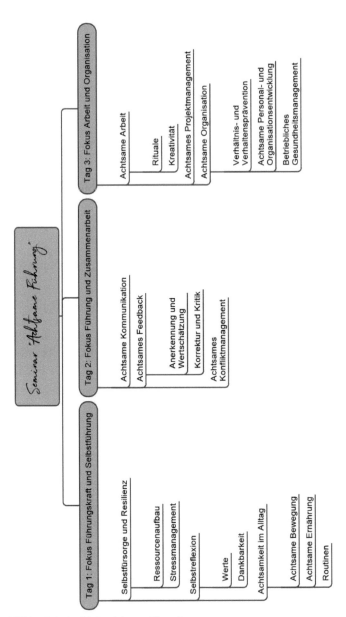

Abbildung 3: Seminarinhalte „Achtsame Führung"

> **Exkurs „Achtsame Kommunikation":**
> Was bedeutet es eigentlich, achtsam zu kommunizieren? Schließen Sie
> einmal für einen Moment die Augen und stellen Sie sich ein Gespräch
> vor. Hören Sie Ihrem Gegenüber zu? Oder formulieren Sie in Gedanken
> bereits eine Antwort? Achtsame Kommunikation findet statt, wenn
> wir beim Zuhören ganz präsent sind und nicht schon überlegen, was
> das Gesagte für uns bedeutet, wie wir am besten reagieren oder am
> passendsten antworten können. Versuchen Sie einmal, sich in Ihren
> Gesprächspartner / Ihre Gesprächspartnerin zu versetzen: Wie geht
> es ihm / ihr? Was bedeutet die Situation für ihn / sie? Warum ist sie
> wichtig, welche Bedürfnisse stehen vielleicht dahinter? Warum wird
> gesagt, was gesagt wird? Lassen Sie wirken, was Sie hören. Nehmen
> Sie sich Zeit. Und erst dann wenden Sie sich Ihrer Antwort zu (vertie-
> fend dazu Thich Nhat Hahn, 2019).

Abschließend stehen die Arbeit und das Umfeld im Fokus. Betrachtet
wird, wie Arbeit achtsam gestaltet werden kann und welche Möglichkeiten es auf Ebene der Organisation gibt.[21] Dabei geht es auch darum,
Ansatzpunkte zu finden, Achtsamkeit „stärker in den Strukturen und
Regeln der Organisation" zu verankern.[22]

In diesem Sinne: Sich in Achtsamkeit zu üben ist ein immerwährender
Prozess, aber die Grundlagen hierzu kann man sich aneignen.

Literatur

Bengel, J. & Lyssenko, L. (2012): Resilienz und psychologische Schutzfaktoren im Erwachsenenalter.
   Stand der Forschung zu psychologischen Schutzfaktoren von Gesundheit im Erwachsenenalter.
   Aufl.: 1.3.11.12. Köln: BZgA (Forschung und Praxis der Gesundheitsförderung, 43).
Bonde, E. H., Mikkelsen, E. G., Fjorback, L. O., & Juul, L. (2022): Impacting employees' and mana-
   gers' mental health skills using a workplace-adapted mindfulness-based intervention. Frontiers
   in Psychology.
Chang-Gusko, Y.S. (2019): Geschichte und Definitionen von Achtsamkeit. In: Chang-Gusko, Y.S.,
   Heße-Husain, J., Cassens, M. & Meßtorff, C. (Hrsg.): Achtsamkeit in Arbeitswelten: Für eine Kultur
   des Bewusstseins in Unternehmen und Organisationen. FOM-Edition. Wiesbaden. Springer.

---

[21] Zu Personal- und Organisationsentwicklung wird auch auf folgenden Artikel verwiesen:
Hermann (2022), S. 16 f.

[22] Vgl. Chang-Gusko (2019), S. 11.

Franke, F. (2012): Leadership and follower health: The effects of transformational and health-oriented leadership on follower health outcomes. Dissertation, Helmut-Schmidt-Universität Hamburg.

Franke, F. & Felfe, J. (2011): Diagnose gesundheitsförderlicher Führung – Das Instrument Health oriented leadership. In: B. Badura, A. Ducki, H. Schröder, J. Klose & K. Macco (Hrsg.). Fehlzeiten-Report 2011. Führung und Gesundheit. Berlin, Heidelberg, New York. Springer. S.VII- XII.

Franke, F., Ducki, A. & Felfe, J. (2015): In Felfe, J. (Hrsg.): Trends der psychologischen Führungsforschung (S. 253-264). Göttingen. Hogrefe.

Frey, D. (2015): Warum gute Führung einfach und schwierig zugleich ist. Ethische Grundlagen guter Führung. München. ROMAN HERZOG INSTITUT e.V. (Hrsg.).

Fröhlich-Gildhoff, K. & Rönnau-Böse, M. (2015): Resilienz. 4., aktualisierte Auflage. München/Basel. utb.

Hermann, M. (2022): Achtsamkeit und Yoga in der Personal- und Organisationsentwicklung. In: GABAL-impulse 02/2022, S. 16 f. Ludwigshafen. GABAL e.V. (Hrsg.).

Hu, Z., Wen, Y., Wang, Y., Lin, Y., Shi, J., & Yu, Z. (2022): Effectiveness of mindfulness-based interventions on empathy: A meta-analysis. Frontiers in Psychology.

Kabat-Zinn, J. (2019): Gesund durch Meditation: Das große Buch der Selbstheilung mit MBSR. Übersetzt von Horst Kappen. Taschenbuchneuausgabe. München. Knaur.

Krauss, N. (2020): Achtsamkeit in der Führung: Hype oder zusätzlicher Erkenntnisgewinn? Eine kritische Bestandsaufnahme. Masterthesis. München. GRIN Publishing GmbH.

Kuhn, T. & Weibler, J. (2012): Führungsethik in Organisationen. Stuttgart. Kohlhammer.

Liu, J. J. W., Ein, N., Gervasio, J., Battaion, M., & Fung, K. (2022): The pursuit of resilience: A meta-analysis and systematic review of resilience-promoting interventions. Journal of Happiness Studies, 23, 1771–1791.

Orosz, G., Evans, K. M., Török, L., Böthe, B., Tóth-Király, I., Sik, K., & Gál, É. (2023): The differential role of growth mindset and trait mindfulness in the motivation of learning from criticism. Mindfulness, 14, 868–879.

Reichhardt, T. & Pusch, C. (2023): Resilienz-Coaching. Ein Praxismanual zur Unterstützung von Menschen in herausfordernden Zeiten. Wiesbaden. Springer.

Shapiro, S. L. & Schwartz, G. E. R. (2000): Intentional systemic mindfulness: An integrative model for self-regulation and health. In Advances in mind body medicine (Bd. 16, Nr. 2, S. 128–134). Churchill Livingstone.

Schmidt, S. (2015): Der Weg der Achtsamkeit. Vom historischen Buddhismus zur modernen Bewusstseinskultur. In: Hölzel, B. und Brähler, C., (Hrsg.): Achtsamkeit mitten im Leben: Anwendungsgebiete und wissenschaftliche Perspektiven. München. O.W. Barth.

Thich Nhat Hahn (2019): Achtsam sprechen – achtsam zuhören. Die Kunst der bewussten Kommunikation. München. Knaur.

Zheng, Y., Gu, X., Jiang, M., & Zeng, X. (2022): How might mindfulness-based interventions reduce job burnout? Testing a potential self-regulation model with a randomized controlled trial. Mindfulness, 13(8), 1907-1922.

© Kai Steinkühler

Dr. Manuela Kramp

Als promovierte Architektin und Handwerkerkind stand sie schon früh auf Baustellen, als Weltmeisterin auf dem Kunstrad und als Mutter, Unternehmerin und Investorin auf den Baustellen des Lebens.

Manuela Kramp ist eine echte Powerfrau mit Herz und Sachverstand, die andere motiviert, mit Energie, Disziplin und Standfestigkeit ins Handeln zu kommen und mit Leichtigkeit Verantwortung zu übernehmen. Fokus auf den Punkt. Sie konstruierte das Lebensrad „BIG 5" aus den Lebenserfolgen und -erfahrungen der echten Lebensbaustellen und verbindet die Generationen.

Als Hochschuldozentin unterrichtet sie an Hochschulen über Führungsmanagement, Energieeffizienz und Nachhaltigkeit. Als eine der wenigen Sachverständigen zum Spezialthema „Altbausanierung und Denkmalpflege" wird sie regelmäßig zu national und international bedeutenden Baudenkmälern als „Retterin" zur Hilfe gerufen. Nach den Studien der Architektur in Detmold, Kassel und Dresden promovierte sie 2013 berufsbegleitend an der Bauhaus Universität Weimar.

Ihr Motto als Kommunikationstrainerin und Personal- und Businesscoach alias „Frau Doktor vom Bau" lautet „Wissen | Wirken | Erfolg es geht immer!". Sie ist eine gefeierte Keynote Speakerin auf Bühnen und Veranstaltungen mit Joye Kelly, Jörg Löhr und vielen anderen internationalen Stars. Einzigartig, authentisch und erfolgreich erzeugt sie die Motivation, das Leben zu fokussieren und ins Handeln zu kommen. Getreu ihrem Denken: „Ein bisschen verrückt ist völlig normal!" ist sie letztes Jahr einen Halbmarathon in Hamburg gelaufen. „Es geht immer!" Nach dem Kunstradfahren ist ihre Leidenschaft das Offroadfahren mit dem Motorrad. Ehrenamtlich unterstützt sie Kinder- und Jugendgruppen auf ihrem Weg ins Leben.

www.manuela-kramp.de

Die Zukunftsfähigkeit der Generationen

Generationen – das Wort ist derzeit in aller Munde. Von der Kriegsgeneration über die Generationen Babyboomer, X, Y und Z startet jetzt die Generation Alpha in ihr und unser Leben. In meiner Familie leben sechs Generationen nicht weit voneinander entfernt, das bedeutet 70 bis 80 Jahre Altersunterschied.

Die Generations-Typologie in der folgenden Tabelle zeigt die Altersunterschiede, die Prägungen, die Lebens- und Arbeitseinstellung, die Werte, die eingesetzten Technologien und Medien der jeweiligen Generation. Hier werden die Unterschiede durch historische und kulturelle Erfahrungen und die unterschiedliche Prägung der jeweiligen Generation deutlich. In welchem Jahr wurdest Du geboren?

Die heutige Digitalisierung fordert die einzelnen Generationen unterschiedlich heraus. Besonders die Älteren unter uns wehren sich und fühlen sich im Alltag überfordert. Wer sind die „Älteren"? Hier sprechen wir nicht nur über die Generation der Traditionalisten, die den Zweiten Weltkrieg bzw. die Zeit direkt danach erlebt haben, sondern auch über die sogenannte Generation der Babyboomer, Jahrgang 1955 bis 1965, die sagen: „Wir kommen nicht mehr mit!" Social Media, Messenger, Facebook, Instagram und Co: „Nein danke! Nichts für mich!" Ein heute 60-Jähriger steigt aus, bleibt stehen oder erleidet einen Burn-out. Viele sind nicht bereit, die neuen Technologien zu nutzen, manche haben Ängste, sich auf die Schnelligkeit des heutigen Lebens einzulassen. Die Geschwindigkeit der Digitalisierung und der künstlichen Intelligenz fordert Offenheit und Lernwilligkeit jeder einzelnen Generation. Die globale Innovation und Entwicklung ist nicht mehr zu stoppen und die Geschwindigkeit, mit der Informationen und Wissen über das Internet transportiert werden, steigt täglich. Jegliches Handlungs- bzw. Faktenwissen finden wir im Internet. Früher mussten wir das passende Buch für unser Thema suchen, heute finden wir alle Informationen im Netz, die Datenflut steigt sekündlich. Die Verbreitung des Smartphones – das „Wissen in der Hosentasche" – ermöglicht den unmittelbaren sofortigen Zugriff und sofortige Handlungsfähigkeit in unserem täglichen Leben. Handelsgeschäfte, Sport- und Börsenergebnisse, globale politische Ereignisse: Alles ist jederzeit abrufbar, gefiltert und ungefiltert.

	Traditionalisten bis 1955	Babyboomer ~1956-1965	Generation X ~1966-1980	Generation Y ~1981-1995	Generation Z ab 1996	Generation Alpha ab 2011
Prägende Erfahrungen Einflüsse	2. Weltkrieg Wiederaufbau harte Arbeit Entbehrungen	Wirtschaftswunder gesellschaftliche Umbrüche 68er Revolution Frauenbewegung	"Generation Golf" Fernsehzeitalter Mauerfall Ende kalter Krieg	"Millennials" Digitale Revolution weltweiter Terror	"Generation YouTube" Globalisierung Erderwärmung Wikileaks	Kinder von heute
Arbeitshaltung Karriere	Beruf zum Zweck der Finanzierung des Lebensunterhaltes nicht zur Selbstverwirklichung	Arbeit hat einen hohen Stellenwert der Begriff "Workaholic" wurde von ihnen geprägt.	Berufliche Karriere ist genauso wichtig wie eine ausgewogene Work-Life-Balance	Der Job muss Spaß machen, Karriere ist nicht so wichtig. Arbeit und Privat- leben werden nicht so streng getrennt	Feste Abgrenzung klare Strukturen. Trennung von Arbeit und Privatleben	
Lebenseinstellung Werte	Konformität Gehorsam und Respekt vor Regeln und Autoritäten	Durchsetzungsvermögen Teamgeist Idealismus Protest	Unabhängigkeit Individualismus Freiheitsliebe Sinnsuche	Streben nach Selbstverwirklichung Freiheit Leben m hier und jetzt	Selbstverwirklichung im privaten und sozialen Umfeld Authentizität, Ehrlichkeit	
Technologie- nutzung	Wenig bis kein Bezug zur neuen Technik	Neue Technik wird eher im Arbeitsumfeld genutzt	Technischer Wandel analog zu digital Technikaffin und versiert	Digital Natives "24 Stunden online"	"Technoholics" Virtual reality Cloud Musikstream	Künstliche Intelligenz
Kommunikation	Face-to-Face	Face-to-Face Telefon	SMS E-Mail Messenger	Social Media Messenger	Face Time Messenger	Künstliche Intelligenz
Bevorzugte Medien Werbekanäle	Klassische Medien bevorzugt	E-Mail Tageszeitung Radio, TV Facebook	E-Mail Facebook TV Online-Nachrichten	Twitter Instagram Facebook TV gleichzeitig auf 2. Bildschirm	Snapchat Spotify Whisper YouTube Tumblr	TikTok Metaverse

„Die Generations-Typologie"[1]

---

[1] Quelle: https://www.panadress.de/news/generation-xyz (Anm.: Ergänzung der „Genera-tion Alpha" durch die Autorin)

Hier starten die Unterschiede der Generationen, die es gilt durch Brücken-schläge zu verbinden, um im Business und im Privaten gemeinsam Lebensbaustellen zu lösen, Lebenserfahrungen auszutauschen und gene-rationsübergreifend Erfolge zu feiern. Hier gilt das Motto der Medien: „Die Digitalisierung als Chance für alle Generationen, aktiv am Leben teilzunehmen, zu jeder Zeit, in jedem Alter!" Doch über die Umsetzung und die Folgen schweigt man sich aus!

Die Generation der „Traditionalisten" unter der Lupe

Heute las ich während des Frühstücks unsere analoge Tageszeitung, die „Lippische Landes-Zeitung", und stieß auf die folgende Überschrift: „Wer offline ist, wird gesellschaftlich abgehängt!"[2] Der Artikel umfasste einen Brief und ein Interview mit einem 83-Jährigen, der sich bewusst entschieden hat, offline zu bleiben und keine Hilfe von seinen Kindern und Enkelkindern in Bezug auf die „Digitalisierung" anzunehmen. Er ist Teil der Generation der Traditionalisten, wie meine Eltern, Jahrgang 1939, die Generation, die das Land nach dem Krieg wiederaufgebaut hat. Die Briefe geschrieben, Telefonate und persönliche Gespräche geführt hat. In dem Artikel beschreibt der 83-Jährige, dass er sich diskriminiert fühlt, weil er in seiner Bank nicht mehr persönlich bedient wird, sondern er seine Überweisungen (ab hier Zitat aus der Zeitung) „,online' bequem von zu Hause erledigen solle! ,Donnerwetter', denkt der 83-Jährige: ,Ich bin Akademiker mit Hochschulabschluss und alles, ohne online gewesen zu sein! Wir haben das Land nach dem Zweiten Weltkrieg aus der Stein-zeit herausgeführt, sozusagen vom allgegenwärtigen Hunger bis zur Raumfahrt oder zur Künstlichen Intelligenz. Und jetzt fällt für die Nicht-Onliner alles in sich zusammen. Das empfinde ich als Zumutung.'"[3] Der 83-Jährige wünscht sich ein Leben mit beiden Wegen, einem analogen und einem digitalen Alltag. Er schreibt über Fairness und Wertschätzung der Alten und über die persönliche Beratung für seine Generation. Ja, da zeigt sich das Dilemma. Im Zuge des Fachkräftemangels schreit die Welt, das Land nach Digitalisierung. Alles muss schneller und möglichst online passieren, sogar die digitalen Rezepte direkt vom Arzt an die Apotheke

---

[2] Reineke, Thomas: Wer online ist, wird gesellschaftlich abgehängt. In: Lippische-Landes-Zeitung Nr. 138, Lemgo 6/2023.

[3] ebd.

gibt es schon. Doch viele bleiben dabei auf der Strecke. (Dabei gilt Deutschland als veraltet und rückschrittlich! Andere Länder sind schon viel digitaler und noch viel schneller.)

Doch wie hoch ist der Preis? Darf wirklich jeder in seinem Tempo und mit seinen Fähigkeiten den Fortschritt mitgestalten? Ja, er darf! Jeder darf mutig entscheiden, wie weit er sich persönlich digitalisiert oder die Hilfe durch die jüngeren Generationen annimmt. Denn hier gilt es, mutig zu sein und um Unterstützung zu bitten und diese auch anzunehmen. Denn wie sagten schon die drei Musketiere: „Einer für alle, alle für einen!" – ein tolles Motto, um gemeinsam die neue Welt zu rocken. In der heutigen Digitalisierung und der immer mächtiger werdenden „Künstlichen Intelligenz (KI)", Fluch und Segen zugleich, müssen wir den enormen Nutzen für die Generationen erkennen, um uns allen wertvolle Lebenszeit einzusparen. Diese Zeit gilt es zu nutzen, um Generationsprogramme zu kreieren und gemeinsam das Leben zu gestalten.

Es bedarf einer gewissen Disziplin und Standfestigkeit, um sich nicht zeitlich im Netz zu verlieren. Hier bieten die BIG 5[4] die Lösungen für die Lebensbaustellen jeder Generation als Grundlage zum strukturellen und verantwortungsvollen Handeln – im Namen der sechs Generationen. Sie lehren, Zeitinseln zu schaffen, gemeinsame Erlebnisse generationsübergreifend zu planen, sich zu verständigen, sich gegenseitig zu stärken und die verschiedenen Lebensbaustellen auf einer Plattform zu verbinden.

Das ist nicht immer leicht. Als Teil der Generation Babyboomer unterstütze ich meine Eltern, ihre Geschäfte zu regeln, Überweisungen online und Schriftverkehr mit der Krankenkasse, Pflegekasse etc. offline per Brief und Formular zu verschicken. Und ja, ich gebe es zu, hier wünsche ich mir mehr Digitalisierung, um Zeit einzusparen, um Formulare abzuspeichern, die beim nächsten Bedarf abrufbar sind. Ja zur Digitalisierung! Doch auch ich frage mich täglich: Wie soll ein Mensch der Generation „Traditionalisten" diese Digitalisierung meistern und die Kommunikation mit Behörden und Verwaltungen stemmen? Unmöglich! Dazu kommt der Konflikt mit meinen Eltern, die sagen: „Das wollen wir noch selber machen!"

---

[4] Kramp, Manuela: BIG 5 für deine Lebensbaustellen, Lemgo 2023.

Mit meinem Problem bin ich nicht allein. Die Generationen Babyboomer, X, Y und Z möchten den „Alten" gern helfen – mit dem Ergebnis, dass diese sich schämen, sich abgehängt und hilflos fühlen. Die Lösung dafür ist die gemeinsame Akzeptanz und Kommunikation zwischen den Generationen, das gegenseitige Verständnis und Wissen, dass alle sechs Generationen jeweils in einer anderen Zeit, mit anderen Werten, anderen Technologien und Idealen geboren wurden. Die Generation „Traditionalisten" darf die Wertschätzung der jüngeren Generationen spüren, die Respekt vor deren Lebensleistungen haben und sich Rat und Meinungen einholen, und ebenso deren Hilfe annehmen, um sich ihr Leben heute zu erleichtern.

Jede der sechs Generationen versucht, sich den neuen Herausforderungen der Lebens- und Arbeitswelten zu stellen und nach ihren Möglichkeiten die digitalen Technologien zu nutzen, um ein möglichst friedliches, erfolgreiches und gesundes Leben führen zu können. Eines, das auf Verständnis, Freiheit, Gleichberechtigung und Frieden beruht, den wertvollsten Gütern unserer Zeit.

Brückenbauen zur Generation der „Traditionalisten"

Die Lösung ist also das „Brückenbauen" zwischen den Generationen im Privaten wie im Business. Durch die Betreuung meiner Eltern habe ich erfahren, wie wertvoll diese gegenseitige Hilfe ist. Ich darf die Generation der „Traditionalisten" begleiten auf ihren letzten Jahren auf dieser Erde. Sie wertschätzen für ihre Lebensleistung, danke sagen für ihren Einsatz für ihre Kinder (Generation Babyboomer und X) und Enkelkinder (Generation Y und Z) und Urenkel (Generation Alpha). Ich habe die Chance, den „Alten" zu vermitteln, dass die Welt sich immer schneller dreht und bewegt, und ihre Ängste und Einwände zu mildern. Zu zeigen, wo die Vorteile der Digitalisierung liegen, um Prozesse zu beschleunigen und mehr Zeit für die verbleibenden Gespräche und Erinnerungsgeschichten zu haben.

Wir „Jungen" sollten jede Möglichkeit nutzen, um von den „Alten" zu lernen, Lebenserfahrungen abzufragen, uns Erlebnisse erzählen zu lassen. Damit wir das Leben, die Evolution, das Alter verstehen lernen. Nach dem abgewandelten Motto der Musketiere: „Gemeinsam sind wir stark!" Denn eins habe ich in diesem Prozess der Begleitung meiner Eltern, gelernt: Bald sind wir die Alten!

Hier ist jede Generation aufgerufen, Brücken zu bauen und Lebensbaustellen gemeinsam zu meistern, sich gegenseitig zuzuhören, zu helfen und für einander einzustehen. Als Generation Babyboomer haben mir die Generationen Y und Z gezeigt, wie die Social-Media-Kanäle optimal genutzt werden können. Dass ich meine Vision von mir als „Frau Doktor vom Bau", die Lebensbaustellen löst, umsetzen kann, ist nur über die Social-Media-Kanäle möglich und sinnvoll. Im Gegenzug wollten meine „jungen" Helfer und Unterstützer von mir wissen, wie man Immobilien als Altersversorgung nutzen kann, als Lebensort, wie es mit der Finanzierung und Förderung und einem fachspezifischen Gutachten aussieht. Ja, da bin ich der „alte Hase" und in meinem Element: Baustellen und Lebensbaustellen, entstanden durch Lebenserfahrungen. Dank an meine jungen Helfer für ihre Wertschätzung und die Verbindung der Generationen.

Diese Generationsbotschaft muss über alle Kanäle verteilt werden: Baut Brücken, sagt danke und verbindet euch! Seid nicht wie die Generationen vor euch, wo die Alten über die Jungen geschimpft haben, nach dem Motto: „Die Jungen taugen alle nichts!" Und die Jungen über die Alten: „Ach, die haben keine Ahnung, altes Eisen, Abstellgleis!" Jetzt ist die Zeit der Generationen, neue Wege zu gehen und Brücken zu bauen. Dann bleibt mehr Zeit für alle. Carpe diem – nutze den Tag. Denn heute ist morgen schon früher.

Kontrastprogramm

Nachdem ich den Artikel des 83-Jährigen der Generation „Traditionalisten" aufmerksam gelesen hatte, entdeckte ich auf der nächsten Seite eine neue Serie: „Diese Menschen sind Internet-Stars".[5] Der Kontrast hätte nicht größer sein können. Danke dafür, liebe Redaktion! Eine Steilvorlage für diese Zeilen! In dem Beitrag präsentierten sich sechs junge Menschen der Generation Y und Z im Alter von 20 bis 32 Jahren mit ihrem Internet-Business. Sie zeigen ihre Lebenserfahrungen, Neigungen und ihren erfolgreichen Weg in den Social-Media-Kanälen, ins erfolgreiche Online-Business. Arbeiten im Internet, von 20 Jahren noch unvor-

---

[5] König, Janet: Diese Menschen aus Lippe sind Internet-Stars. In: Lippische-Landes-Zeitung Nr. 138, Lemgo 6/2023.

stellbar. Der Zeitungsbericht startete mit dem 20-jährigen Florian, der Ernährung und Fitness präsentiert nach dem Motto: „Immer 110 Prozent", berichtete über die 30-Jährige Sandra mit ihrem Thema: „Handwerk und Genderklischee" und die 32-jährigen Nadine und ihr Thema: „Kochen, schnelle und einfache Rezepte". Die anderen Themen befassten sich mit Mode, Reisen, Lifestyle und Social-Media-Marketing, Respekt im Fußball, Schiedsrichtern, Selbstliebe, Mindset und Ernährung. Offenbar ist dort für jeden etwas dabei. Wirklich für jeden? Angesprochen werden nur diejenigen, die in den Social-Media-Kanälen unterwegs sind. Die Statistik zeigt jedoch deutlich, dass hier in erster Linie nur die Generationen X, Y und Z vertreten sind, zu 90 Prozent. Die verbliebenen 10 Prozent entfallen auf die Generationen der Babyboomer und Traditionalisten.[6] Das Social-Media-Business ist in den letzten Jahren rasant gewachsen und der Beruf des „Influencers" begehrt und lukrativ. Geld im Internet zu verdienen und überall auf dieser Welt arbeiten ist das Ziel vieler junger Menschen der Generationen X, Y, Z. Für den 83-jährigen „Alten" undenkbar, Hokuspokus und irreal. Für die „Jungen" reizvoll und erstrebenswert.

Die Generation Z unter der Lupe

Täglich hören wir auf allen Kanälen, von Firmen, Personalverantwortlichen, Lehrern und Eltern, dass die Generation Z nichts tauge: *„Die* haben keine Ziele, *die* wollen den ganzen Tag chillen, *die* sind nicht belastbar, *die* haben keine Disziplin, *die* wollen nur noch 3-Tage-Woche (Di–Mi–Do), *die* wollen viel Geld verdienen und identifizieren sich nicht mehr mit dem Arbeitgeber. Was soll bloß aus *denen* werden? Gefällt ihnen der Job oder die Lehrstelle nicht, sind *die* am nächsten Tag nicht mehr da!" Ihnen wird nur geringe Motivation zum Arbeiten vorgeworfen; Aussagen wie *„Die* hängen den ganzen Tag nur am Smartphone und sind nicht lebenstauglich!" stammen von verzweifelt Personal suchenden Arbeitgebern, die online mit Geschenken und lukrativen Angeboten locken, um die Generation Z dazu zu bringen, bei ihnen zu arbeiten und auch zu bleiben.

---

[6] Lohmeier L., Statistica, https://de.statista.com/statistik, Anteil der Nutzer von Social-Media-Plattformen nach Alter in Deutschland 2022, 5/2023.

Ist das so? Taugt die Generation Z nicht? Wer ist eigentlich die Generation Z? Das sind die heute 18- bis Mitte 20-Jährigen, von denen viele ihren 18. Geburtstag nicht feiern konnten wegen des Lockdowns. Die „Lockdown-Generation", die isoliert und leise von der Jugend ins Erwachsenenalter übergehen musste, zu Hause oder auf Terrassen. Dazu erzähle ich meine Geschichte von meinem Sohn, Generation Z, und mir, Generation Babyboomer. Uns trennen also vier Generationen. Wow! Eine Herausforderung oder eine Frage der Akzeptanz, des Verständnisses und der Kommunikation? Der Lockdown hat mich Powerfrau fast in die Knie gezwungen. Ich, deren Motto lautet: „Wissen | Wirken | Erfolg es geht immer!", war plötzlich hilflos. Ich, die Mutter eines 17-Jährigen, der fünf Tage vor der so wichtigen Party zum seinem 18. Geburtstag stand. Bumm. Auf einmal drehte sich die Welt nicht mehr, und ich drehte durch! Schlagartig hatte sich unser Leben verändert. Die Generation Z stand um 17 Uhr auf, frühstückte und startete die Hausparty am Handy – bis morgens um 6 Uhr! Ich stand auf, mein Sohn ging ins Bett! Ein Einzelfall? Nein! Die Handwerker auf meiner Baustelle konnten mir von ihren eigenen Jugendlichen das gleiche Verhalten berichten! Ich verstand die Welt nicht mehr! Warum sind *die* so anders als wir? Ich suchte nach Literatur im Internet und fand die ganz „einfache Lösung", den Generationen-Vergleich von Horst Hanisch (siehe Abbildung).

Warum die Generation Z ist, wie sie ist

Da ging mir ein Licht auf, ich verstand: Auf der einen Seite steht die Generation Z, von uns Eltern geliebt, verwöhnt und verzogen. Groß geworden mit der Angst der Eltern „Ohne Handy wird mein Kind ein Außenseiter", mit Social Media und der elterlichen Hoffnung auf ein Studium und keine Ausbildung. Nach dem Motto: *„Die* sollen es mal besser haben!" Aber haben wir unsere Kinder gefragt, was sie wollen? Haben wir nach ihren Neigungen geschaut? Nein, Hauptsache, sie würden nicht so schwer arbeiten für ihr Geld und viel reisen, sich die Welt anschauen. Das haben wir für sie geplant. Und jetzt haben wir den Salat: die Generation Z und ihre Work-Life-Balance, chillt den ganzen Tag im Internet. Und wer soll die Arbeit machen?

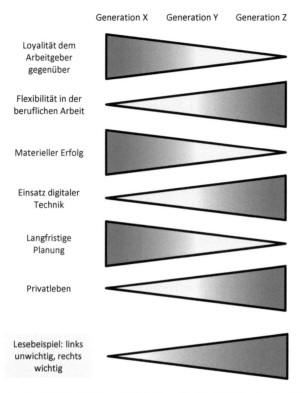

| | Generation X | Generation Y | Generation Z |

Loyalität dem Arbeitgeber gegenüber

Flexibilität in der beruflichen Arbeit

Materieller Erfolg

Einsatz digitaler Technik

Langfristige Planung

Privatleben

Lesebeispiel: links unwichtig, rechts wichtig

„Der Generations-Vergleich" (Hanisch, Horst: Die flotte Generation Z im 21. Jahrhundert, Bonn 2019)

Auch hier gilt wieder: Lasst uns ihnen zuhören, mit ihnen kommunizieren und die Generation Z verstehen lernen. Auch ein Vergleich, wie unsere Generationen ihre Schulzeit verbrachten, ist aufschlussreich:

- Die Generation „Traditionalisten" ging ohne Wenn und Aber zur Schule. Eine Belohnung für gute Noten war undenkbar. Wie mein Vater mir erzählte, gab es aber für jede vergessene Hausaufgabe den Rohrstock auf die Finger!
- Als Generation „Babyboomer" genossen wir die Schulzeit der 80er. Damals gingen wir wie selbstverständlich regelmäßig und zu allen Stunden in den Unterricht, und die Hausaufgaben wurden immer

gewissenhaft erledigt (zumindest meistens, wenn nicht, gab es eine „Rüge" ins Klassenbuch, nach drei Rügen gab es einen Tadel und nach drei Tadeln einen „Schulverweis" – undenkbar, so weit ließen wir es nicht kommen). Einfach so, weil man das eben so machte.

- Die Generation X erlebte die Schulzeit der 90er. Damals gab es für jede Hausaufgabe ein „+" oder „-" ins Heft, bei zehn Pluszeichen bekam man eine halbe Note Verbesserung als Belohnung.
- Die Generation Y durchschritt die Schulzeit der 2000er. Als Belohnung für die Hausaufgaben gab es „Smileys" und zu Hause eine Belohnungstabelle an der Pinnwand: für drei lachende Smileys ein Kinobesuch, für fünf lachende Smileys ein Computerspiel. Den Belohnungen für gute Noten waren keine Grenzen gesetzt.
- Mein Sohn als Generation Z durchlief die Schulzeit ohne jegliche eigene Motivation. Hier bekam ich als Elternteil den Tipp von Schulpsychologen und Pädagogen, vor jeder Klassenarbeit eine Belohnung als Siegesprämie zu vereinbaren und das „begehrenswerte Objekt" als Foto über das Bett zu hängen. Als Anreiz zum Lernen ... Als beruflich selbstständige Mutter war das wirklich anstrengend, und ich glaubte, an den eigenen Erziehungsfehlern ersticken zu müssen.

Wow, ja, ich wäre auch gern in der Generation Z geboren. Oder vielleicht doch nicht? Nein, ich gehöre in die Generation „Babyboomer", und das war eine tolle Zeit: Aufbruch, Frauenbewegung, die Öffnung des Internets, draußen und drinnen spielen ohne Internet, meine Zeit, mein Leben.

Heute, nach dem Lockdown, nach langen Gesprächen mit meinem Sohn und der Tabelle von Hanisch, ist mir vieles klargeworden! Heute soll die Generation Z „ohne Belohnung" einen Job von 40 Stunden pro Woche und mehr absolvieren, für einen Lohn, der teilweise nicht einmal die Kosten einer Mietwohnung inkl. Nebenkosten und Lebenshaltung deckt. Da kommt als Reaktion ein klares „Nein!" mit dem Hinweis: „Wir gehen hartzen,[7] Arbeit lohnt nicht!" Diese Aussage hat mich erst mal geschockt, doch sie ist als „Rebellion" gegen das System gemeint. Hat doch die Generation Z erlebt, wie die Eltern der Generationen Babyboomer und X malocht haben. „Erst die Arbeit, dann das Vergnügen",

---

[7]   „Hartzen" bedeutet im Jargon, Leistungen vom Staat zu erhalten, das sogenannte „Hartz-4", seit 2023 abgelöst durch das „Bürgergeld".

das war unser Motto, wir haben gearbeitet bis zu Krankheit, Entlassung oder Rente. Ich, selbstständig mit einer 80-Stunden-Woche, im Urlaub das Telefon griffbereit, damit ich keinen Kunden verpasse und jeden Auftrag mitnehmen kann: So bin ich erzogen worden in meiner Generation Babyboomer. Ist das erstrebenswert für die Generation Z? Nein, auf gar keinen Fall wollen sie so leben und arbeiten wie wir oder meine Eltern! Keine Zeit zum Atmen, zum Zuhören, zum Leben – das musste sich ändern! Und kommt mir das bekannt vor? Ja, auch ich habe mit 20 gesagt: „Niemals so leben wie meine Eltern!"

Brückenbauen zur Generation Z

Heute geht auch die Generation Z ihren eigenen Weg und startet in die unterschiedlichsten Online- und Offline-Businesswelten. Sie wollen nicht in die alten Strukturen, die wir für „uns" geschaffen haben; sie wollen Innovationen, Neuigkeiten und Digitalisierung. So haben wir sie erzogen! Ich rufe alle Inhaber und Geschäftsführer von Firmen, Betrieben und Global Playern auf, der Generation Z endlich genau zuzuhören. *Die* sind vernetzt, höflich, interessiert, gebildet, multikulturell, wissbegierig und weltoffen. Sie sind anders als wir, und wir Alten können noch ganz viel von ihnen lernen, wenn wir bereit dazu sind. Mein Learning an dieser Stelle: „Das Leben ist bunt und besteht nicht nur aus einem Job, sondern bietet so viele Möglichkeiten, uns auszuprobieren! Gemeinsam mit den Generationen Neues schaffen! Die Zusammenarbeit mit den jungen, neuen Generationen ist für mich ein Jungbrunnen, ein Lebenselixier! Danke, ihr Jungen, für euer Vertrauen."

Die Zeit ist reif! Es ist verdammt noch mal unsere Pflicht, unsere Strukturen anzupassen, Workshops mit der neuen jungen Generation Z zu starten. Ich bin mittendrin in dieser Aufklärung von Führungskräften und begleite Teams in ihre Zukunftsfähigkeit in turbulenten Zeiten. Es ist großartig und es öffnet die Augen für Toleranz, es schenkt Wertschätzung. Und wie es der 83-Jährige formulierte: „Fairness über alle Generationsgrenzen hinweg – für eine bunte, gemeinsame, lebenswerte und friedliche Zukunft." Dafür bin ich sehr dankbar.

Zukunftsaussichten

Wissen | Wirken | Erfolg es geht immer! – In der letzten Woche gab es eine Talkshow mit fünf Frauen aus fünf Generationen. Fünf attraktive, gebildete Frauen in Führungspositionen von der Generation Babyboomer (Ü 56) über die Generation X (Ü 40), Y (Ü 30) und Z (Ü 20). Es wurden die üblichen Themen diskutiert, die 5- oder 3-Tage-Woche, Work-Life-Balance, Familie und Business, Care-Arbeit zu Hause, Gleichberechtigung in der Gesellschaft und Lohnausgleich. Spannend zu beobachten, wie sich die fünf Generationen gegenseitig angriffen, als kämen sie aus verschiedenen Welten. Jede einzelne dieser intelligenten Frauen verteidigte ihre Generation mit den jeweiligen Werten und Zielen. Es war hochinteressant zu beobachten, dass sich zwischen den Damen in der Talkshow keine Verbindung entwickelte. Der männliche Moderator stand vor der Herausforderung, erst einmal die fünf Generationen anzuhören und ihre Argumente und Standpunkte zu analysieren. Er schaffte es in 120 Minuten nicht, eine Brücke zwischen den fünf Frauen bzw. fünf Generationen zu schlagen, und verwies auf eine spätere Fortsetzung der Diskussion.

Nichts hätte ich lieber getan, als diese Diskussion weiter zu moderieren, zu analysieren und die Generationenbotschaft „Brücken bauen" zu überbringen. Diese Chance wurde an diesem Abend verpasst, schade!

Meine Mission für die Zukunft lautet: „Das Generationsprogramm voranbringen als Antriebsrad, um die Fähigkeiten die Generationen zu verbinden." Jede Generation hat ihre Schwächen und Stärken, hat gewonnen und verloren, ist hingefallen und wieder aufgestanden, hat gelernt und hat Großes geschaffen. Diese Leistungen gilt es jetzt generationsübergreifend zu verbinden und mit Wertschätzung, Energie, Disziplin und Standfestigkeit ins Handeln zu kommen. Die Freude und der Spaß an gemeinsamer Kreativität ist der Startschuss in die Zukunftsfähigkeit unseres Lebens in unserer Gesellschaft.

Gemeinsam rufen wir: „Generationen – verbindet euch in Wertschätzung und Neugierde. Zeigt dem Leben eure Werte, Ziele und Träume. Stabilisiert die Welt in turbulenten Zeiten!"

© Dominik Pfau

Thomas Krombholz

Thomas Krombholz – Experte für ganzheitliches Work-Life-Business-Design, Potenzialdetektiv® und Mutsprung-Mentor.

Nach vielen Jahren im Key Account Management und Vertrieb kennt Thomas Krombholz Strukturen und Abläufe in Konzernen und großen Mittelstandsunternehmen aus eigener Erfahrung. Heute, als Experte für ganzheitliches Work-Life-Business-Design, authentische Karriere-Entwicklung und Inhaber der TalenteGärtnerei®, arbeitet er sowohl mit Einzelpersonen als auch mit Unternehmen zu den Themen Berufung, Potenzial, erfülltes Leben und gelingendes Miteinander. Der Mensch steht immer im Mittelpunkt.

Seine Mission: Ambitionierte Herzblut-Unternehmer zu inspirieren, zu ermutigen und dabei zu unterstützen, mutig ihr authentisches Lebens- und Businesskonzept zu designen, um es mit Herz und voller Leidenschaft auszuleben. Für einen Rückblick ohne Reue. Und gemeinsam mit ihnen eine förderliche Unternehmens-, Führungs- und Miteinander-Kultur im Unternehmen zu co-kreieren für ein gelingendes Miteinander und nachhaltigen Erfolg.

www.thomas-krombholz.com

Herz und Seele eines Unternehmens sind die Menschen

„Ich habe zwar keinen Schulabschluss, aber ich habe etwas anderes: Ich bin hungrig, arm und entschlossen." Das ist ein Satz aus dem amerikanischen Spielfilm „Flamin' Hot" der Regisseurin Eva Longoria. Der Film beschreibt in unterhaltsamer Weise den Aufstieg des ungelernten Hausmeisters Richard Montañez zum Top Executive von PepsiCo, Inc.

Ob die im Film geschilderte Geschichte wahr ist oder konstruiert, darüber gibt es verschiedene Aussagen. Fakt ist: Richard Montañez ist echt, und ebenso seine berufliche Karriere, die er 2019 beendete. Warum diese Einleitung für meinen Beitrag hier eine Rolle spielt, darauf komme ich etwas später …

In Bezug auf Zukunftsfähigkeit sehen sich Unternehmen heutzutage mit einer Vielzahl von Herausforderungen in den verschiedensten Bereichen konfrontiert. Der technologische Fortschritt – insbesondere im Bereich der Automatisierung, künstlichen Intelligenz und Robotik –, die zunehmende Digitalisierung und die Nachfrage nach virtuellen Arbeitsplätzen, der demografische Wandel mit der gesetzlichen Verlängerung der Lebensarbeitszeit und dem gleichzeitigen Eintritt der Generation Z auf den Arbeitsmarkt sowie umfangreiche weltwirtschaftliche und geopolitische Veränderungen lassen eine verbindliche Planung für die nächsten zehn oder sogar 20 Jahre kaum zu.

Marcus K. Reif, HR-Experte und Chief People Officer der Personal- und Managementberatung Kienbaum, hat folgende Aussage getroffen: „65 Prozent unserer Kinder werden 2035 in Berufen arbeiten, die es heute in dieser Form noch gar nicht gibt."[1] Ich finde das faszinierend und verunsichernd zugleich. Sich dieser Unsicherheit und der Geschwindigkeit der Veränderungen anzupassen, verlangt von Mitarbeitern aller Ebenen eine immer größere Flexibilität und Agilität, eine Offenheit gegenüber neuen Technologien und die Bereitschaft zur Entwicklung und lebenslangem Lernen.

Im Gegenzug birgt diese schwer absehbare Entwicklung jedoch auch mannigfaltige Chancen. Eine zentrale Aussage aus der Studie „2050: Die

---

[1] https://www.eco.de/presse/in-welchen-jobs-arbeiten-wir-2035/

Zukunft der Arbeit" aus dem Millennium Project der Bertelsmann Stiftung lautet: „Wir wissen nicht genau, was kommt, aber wir können es gestalten."[2] Ich deute diese Aussage als gutes Zeichen. Wir sind alle gefordert, gerade in diesen turbulenten Zeiten, den Fokus auf die Möglichkeiten, die Chancen und kreativen Lösungsansätze zu richten. Frank Lloyd Wright, der bedeutende amerikanische Architekt und Schriftsteller, wird in einem Coaching-Programm von Bob Proctor so zitiert: „The human race built most nobly when limitations were greatest and, therefore, when most was required of imagination in order to build at all." Imagination, also Vorstellungskraft, ist für mich das magische Wort.

Um die Zukunftsfähigkeit von Unternehmen zu gewährleisten, bedarf es weit mehr als der Optimierung von Strukturen und Prozessen, einer Erhöhung der Effizienz und einer Fokussierung auf betriebswirtschaftliche Kennzahlen. Es braucht ebenfalls eine zeitgemäße und nachhaltige Unternehmens-, Führungs- und Miteinander-Kultur. Die alle Mitarbeiter einschließt – von der Geschäftsleitung über alle Führungsebenen bis zum Auszubildenden. Von der Generation Babyboomer bis zur Gen Z. Es braucht Menschen, die mit Mut, Leidenschaft und einer gehörigen Portion Kreativität die Ärmel hochkrempeln, um ihre Vision, ihre „Fantasie" von einer erfüllenden Arbeit und einer besseren Zukunft voranzutreiben, anstatt sich ausgiebig auf die bestehenden Hindernisse, Schwierigkeiten und Probleme zu fokussieren.

Mitarbeiter sind die Seele eines Unternehmens

Die „Jobs der Zukunft"-Studie der internationalen Wirtschafts- und Finanzberatungsgesellschaft Deloitte listet fünf Trends für die Berufswelt bis zum Jahr 2035 auf:

1. „Die Jobs der Zukunft erfordern Interaktion mit anderen Menschen sowie Empathie – und sind nur gering automatisierbar. Das bedeutet, 65 Prozent der Arbeitszeit in den betrachteten Berufen können nicht durch Technologie ersetzt werden. Viele der nicht-ersetzbaren Tätigkeiten sind durch einen hohen Grad an menschlichen Interaktionen und Empathie charakterisiert und dürften in Zukunft auch stärker nachgefragt werden.

---

[2] https://www.bertelsmann-stiftung.de/fileadmin/files/BSt/Publikationen/GrauePublikationen/BST_Delphi_Studie_2016.pdf

2. Das Wachstum der Jobs der Zukunft dürfte die Arbeitsplatzverluste überkompensieren. [...] Netto dürfte es zu einem Zuwachs von 1,3 Millionen Jobs kommen.
3. Der Zuwachs an Jobs findet vor allem bei Gesundheits-, Bildungs- und Managementberufen statt. [...]
4. Robotics und Data Analytics sind die Schlüsseltechnologien mit dem größten Impact.[...]
5. Die Tätigkeiten von morgen – weniger Routine, mehr analytisches Denken und menschliche Interaktion. [...] Die Jobs der Zukunft sind wissensintensiv und erfordern Spezialisierung, Kreativität und analytische Fähigkeiten." [3]

Menschliche Interaktion, Empathie, Kreativität – Qualitäten, die, zumindest im Augenblick, keine KI ersetzen kann. Unterm Strich sind die Mitarbeiter, alle Mitarbeiter, Herz und Seele eines Unternehmens. Ein Unternehmen ohne Mitarbeiter ist eine Hülle aus Beton und Stahl. Deshalb steht für mich als Experte für authentisches Work-Life-Business-Design, Potenzialdetektiv® und Verfechter für ein gelingendes Miteinander immer der Mensch mit all seinen Talenten, Fähigkeiten, seiner Chancenintelligenz und seiner Persönlichkeit im Vordergrund.

Und hier kommt der oben erwähnte Richard Montañez – bzw. seine berufliche Karriere-Entwicklung – wieder ins Spiel. Den Aufstieg eines ungelernten Hausmeisters zum Top Executive eines der größten internationalen Getränke- und Lebensmittelkonzerne könnte man als den typischen amerikanischen Traum vom Tellerwäscher zum Millionär und Ausnahmefall abtun. Ja, mag sein. Doch braucht es denn wirklich eine besondere Begabung, ein geheimes Wissen oder einfach nur unfassbar viel Glück, um eine solche erfolgreiche Karriere hinzulegen?

Ich bin überzeugt davon, dass in jedem Einzelnen verborgene Talente und Gaben, Besonderheiten, Potenziale und Möglichkeiten schlummern, die demjenigen vielleicht selbst noch nicht bewusst sind. Oder die von Unternehmen und Führungskräften nicht gesehen werden (wollen), weil sie in keinem direkten Zusammenhang mit der aktuellen Tätigkeit oder der Stellenbeschreibung stehen. Das bedeutet nicht, dass jeder eine berufliche Laufbahn bis in höchste Leitungsebenen anstreben muss oder sollte. Hier

---

[3] https://www2.deloitte.com/de/de/pages/trends/jobs-der-zukunft-berufswelt-2035.html

möge bitte jeder seinen ganz eigenen Weg im Leben gehen basierend auf seinem authentischen Lebensentwurf und seiner individuellen Erfolgsdefinition.

Unternehmen suchen nach meiner Erfahrung häufig im Außen nach Lösungen für interne Herausforderungen. Wie zum Beispiel nach neuen Fachkräften. Doch die „richtigen" Mitarbeiter sind nicht zwangsweise in Stellenbörsen und auf dem freien Markt zu finden. Sie sind häufig schon im Unternehmen, jedoch nicht adäquat gesehen und gefördert. Laut aktueller Gallup-Studie von 2022 hat der Mitarbeiterzufriedenheits-Index mit nur 13 Prozent den niedrigsten Wert seit zehn Jahren. Verbunden mit einem dadurch verursachten betriebswirtschaftlichen und volkswirtschaftlichen Schaden, der bei ca. 150 Millionen Euro liegt.[4]

Die Gründe für diese fehlende Bindung an den Arbeitgeber sind vielfältig. Unzureichende Führung in der Wahrnehmung, fehlende Entwicklungs- und Weiterbildungsmöglichkeiten und unzureichende Ressourcen gehören laut Studie zu den Evergreens. Und ganz bestimmt ist an allen etwas Wahres dran. Doch Hand aufs Herz – mit mehr Selbstbewusstheit, „Cojones" und Eigenverantwortung ließe sich vieles auf dem kurzen Dienstweg klären. Vorausgesetzt, es gibt eine entsprechende Unternehmens-, Führungs- und Miteinander-Kultur.

Drei unterschätzte Faktoren für die Zukunftsfähigkeit eines Unternehmens

Zukunftsfähigkeit basiert für mich wesentlich – neben der Schaffung entsprechender operativer Strukturen und Prozesse – auf drei Säulen:

1. **Identitätsklarheit, Talententfaltung und -aktivierung bestehender Mitarbeiter**
    Mitarbeiter, die ihre Berufung kennen und ausleben, deren Werte mit den Unternehmenswerten harmonieren, deren Arbeit auch auf ihre persönlichen Lebensziele einzahlt, sind leistungsfähiger, leistungswilliger, loyaler. Nicht Talente managen – Talente entfalten lassen, fördern, einbeziehen: Darin sehe ich einen wichtigen Schritt in der Gegenwart für die Zukunft.

---

[4] https://www.gallup.com/de/472028/bericht-zum-engagement-index-deutschland.aspx

2. **Ein gelingendes Miteinander über alle Generationen**
In Unternehmen sind derzeit bis zu vier Generationen beschäftigt – von Babyboomern bis hin zu Vertretern der aktuell vieldiskutierten Gen Z. Jede mit höchst eigenen Bedürfnissen, Berufs- und Lebenserfahrung und Ansichten. Wenn wir Diversität und Inklusion in vollem Umfang leben wollen, gehören die Berücksichtigung der Unterschiede und der Gemeinsamkeiten zwischen diesen Generationen für ein gelingendes Miteinander auf jeden Fall mit dazu.

3. **Ein förderliches spirituelles Mindset des Unternehmers bzw. der Geschäftsführung im Einklang mit den universellen Gesetzen**
Spiritualität und Business – passt das überhaupt zusammen? Meiner Meinung nach ja. Denn etliche Erfolgsgeschichten aus Wirtschaft, Politik, Kultur und Sport der letzten Jahrzehnte basieren auf der Anwendung der Prinzipien des Erfolgs, die schon Napoleon Hill in seinem 1937 erstmalig erschienenen Klassiker „Think and grow rich" – „Denke nach und werde reich" beschreibt. Neueste neurowissenschaftliche und quantenphysikalische Erkenntnisse stützen diese Sichtweise.

1. Identitätsklarheit, Talententfaltung und -aktivierung bestehender Mitarbeiter

Ganz unabhängig von den aktuellen Trends in der Wirtschaft hat sich Persönlichkeitsentwicklung in Deutschland in den letzten ca. 30 Jahren zu einem breiten und vielfältigen (Geschäfts-)Bereich entwickelt, der von zahlreichen Ansätzen, Methoden und Experten geprägt ist. Spätestens seit der bekannte deutsche Philosoph und Buchautor Richard David Precht seinen Erfolgsbestseller „Wer bin ich – und wenn ja, wie viele?" veröffentlichte, hat das Wort „Persönlichkeitsentwicklung" Einzug in den allgemeinen Sprachgebrauch gefunden.

Es existiert mittlerweile eine große Bandbreite an Angeboten, wie Seminare, Workshops, Bücher, Online-Kurse und Coaching-Dienstleistungen, die Menschen dabei unterstützen, ihr persönliches Wachstum und ihre Entwicklung zu fördern. Und zum Glück haben auch Unternehmen den Wert der persönlichen Weiterentwicklung erkannt und unterstützen Mitarbeiter mehr und mehr durch eigene In-house-

Angebote oder auch finanzielle Zuwendungen für bestimmte private Maßnahmen. Doch bringen diese den gewünschten Erfolg? Und was ist überhaupt „gewünscht"? Denn es gibt nicht wenige Ansätze, die Persönlichkeitsentwicklung mit Selbstoptimierung und der Schaffung eines künstlichen Ideals gleichsetzen.

Persönlichkeitsentwicklung ist per se eine wunderbare Sache. Sie hilft uns dabei, unsere Fähigkeiten, Fertigkeiten und Talente in einer Weise zu nutzen oder zu verstärken, dass sie für ein sinnerfülltes, selbstbestimmtes und erfolgreiches Leben eingesetzt werden können. Es ist jedoch wichtig, sich bewusst zu sein, dass einseitige Persönlichkeitsentwicklung ihre Nachteile haben kann. Wenn der Fokus ausschließlich auf äußeren Aspekten liegt und wir uns von unserem authentischen Selbst entfernen, kann es zu einem Verlust der eigenen Authentizität und einem Konflikt zwischen erlernten Verhaltensweisen und inneren Überzeugungen kommen.

Identitätsklarheit betont dagegen die Bedeutung der Verbindung mit dem Kern des eigenen Wesens. Durch Identitätsklarheit können wir uns unserer Werte, Überzeugungen und Stärken bewusst werden und diese authentisch zum Ausdruck bringen. Identitätsklarheit ermöglicht uns eine tiefere Verbindung zu uns selbst, unterstützt die Selbstakzeptanz und Selbstliebe und hilft uns dabei, unsere persönlichen Ziele und Leidenschaften zu definieren und zu verfolgen.

Die Mitarbeiterentwicklung in Unternehmen profitiert ebenfalls von einem Fokus auf Identitätsklarheit. Indem Unternehmen ihren Mitarbeitern die Möglichkeit geben, sich mit ihrer wahren Identität zu verbinden und ihre Talente und Fähigkeiten im Arbeitsumfeld authentisch zum Ausdruck zu bringen, schaffen sie eine positive und erfüllende Arbeitsumgebung, in der individuelles Wachstum und gemeinsamer Erfolg gefördert werden. Das bezieht sich auf weit mehr als die geforderten Qualifikationen in einer Stellenbeschreibung.

Mitarbeiter, die sich ihrer Identität, ihrem wahren Kern, ihrer Berufung bewusst sind, können ihre individuellen Stärken und Talente besser einsetzen und ihre Potenziale voll ausschöpfen (sofern der Spielraum seitens des Arbeitgebers ermöglicht wird). Sie bringen diese mit den Aufgaben und Verantwortlichkeiten in ihrem Arbeitsbereich besser in Einklang, fühlen sich erfüllt und sind bereit, ihr Bestes zu geben, weil sie eine tiefere Bedeutung in ihrer beruflichen Tätigkeit finden und sich mit den Unternehmenszielen und -werten besser identifizieren.

Darüber hinaus fördert Identitätsklarheit ein positives Arbeitsklima und verbessert die zwischenmenschlichen Beziehungen im Team. Mitarbeiter, die sich ihrer Identität bewusst sind und diese authentisch leben (können), schaffen eine Atmosphäre von Offenheit, Respekt und Akzeptanz. Dies unterstützt die Zusammenarbeit, den Wissensaustausch und die Kreativität im Team und trägt letztendlich zum Erfolg des Unternehmens bei.

Und das ist nur die Sicht auf den einzelnen Mitarbeiter. Gleiches gilt auch für das Unternehmen an sich, das als eine Art Organismus gesehen werden kann. Was ist die wahre Identität Ihres Unternehmens, der wahre Unternehmenszweck? Mal abgesehen von einem physischen Produkt, das das Unternehmen produziert, oder einer Dienstleistung, die es erbringt. Lebt es seine Stärken, Überzeugungen und Werte? Kann es sich frei entfalten?

Zugegeben, eine Menge kontroverser Fragen, die beim ersten Lesen vielleicht seltsam erscheinen mögen. Ich habe mit einigen Unternehmern gesprochen und gearbeitet, die mit Engagement, Fleiß und Mühe ein Unternehmen aufgebaut haben, das sie so niemals wollten. Weil sich irgendwann eine Eigendynamik entwickelt und Prozesse sich verselbstständigt haben. Weil aus verschiedensten Gründen externe Interessen befriedigt werden mussten, die konträr zum ursprünglichen Gründungsgedanken waren. Auch hier hilft Identitätsklarheit, eine gesunde und förderliche Unternehmenskultur zu etablieren und die richtigen Mitarbeiter langfristig zu binden.

2. Ein gelingendes Miteinander über alle Generationen

Dr. Eliza Filby, die laut Aussage ihrer Redneragentur „führende britische Stimme in generationenübergreifenden Fragen"[5], schreibt auf ihrer Webseite: „… the concept of a generation is something that everyone can feel connected to … Generational analysis too often is about segmenting stereotypes rather than what it should be, understanding how we are all a product of our time."

---

[5] https://www.londonspeakerbureau.de/de/speakers/5347-eliza-filby

Jede Generation ist ein Produkt ihrer Zeit, hat somit einen anderen Erziehungs- und Erfahrungshintergrund und sieht sich trotz aller aktuellen politischen und technischen Entwicklung mit ganz eigenen Herausforderungen konfrontiert. Die Generation X zum Beispiel, zu der auch ich gehöre, sieht Dr. Filby als „squeezed between kids and parents care". Das hat zwangsweise auch Einfluss – zumindest einen emotionalen – auf die berufliche Tätigkeit.

Gleichzeitig zählt im Unternehmenskontext die langjährige Berufserfahrung dieser Generation weniger als noch vor der Jahrtausendwende. Der ursprüngliche Zyklus von Wissens- und Erfahrungsweitergabe von Generation zu Generation wurde mit den modernen Errungenschaften wie Blended Learning, Online Education und einer de facto unbeschränkt verfügbaren Wissensdatenbank namens Internet unterbrochen. Ganz zu schweigen von den Einschnitten auf das Miteinander durch die Corona-Pandemie. Etablierte Strukturen von Informations- und Erfahrungsaustausch wurden quasi über Nacht aufgelöst, die emotionale Verbindung zwischen den Mitarbeitern stark geschwächt. Es gibt heute noch „junge" Mitarbeiter in Unternehmen, die noch niemals „im Büro" waren. Wie sollen da Gemeinsamkeiten und Verbundenheit entstehen? Das Gefühl, im gleichen Boot zu sitzen? Wie echte Wertschätzung und Verständnis? Durch die Pandemie haben wir grundsätzlich und ohne Frage eine Menge Flexibilität und Freiheit gewonnen. Und was dadurch verloren?

Ich glaube, wir brauchen wieder mehr natürliche Interaktion, mehr „Kaffeeküchen-Momente". Mehr Flurfunk – kein Meckern und Lästern! Mehr Begegnungen. Mehr wertschätzenden Austausch gerade über Abteilungs- und Generationsgrenzen hinaus. Mehr „Breakout Rooms" mit diversen Teilnehmern. Mehr Zugehörigkeitsgefühl. Mehr Menschlichkeit auf allen Ebenen. Auch das ist Teil einer gesunden und nachhaltigen Unternehmens-, Führungs- und Miteinanderkultur.

3. Ein förderliches spirituelles Mindset des Unternehmers bzw. der Geschäftsführung im Einklang mit den universellen Gesetzen

Über diese Säule ließe sich mühelos ein eigenes Buch schreiben. Darum an dieser Stelle nur ein paar wenige Grundgedanken. Neben den unbestrittenen physikalischen Gesetzen (z.B. dem Energieerhaltungssatz, dem Newtonschen Kraftgesetz und dem Gravitationsgesetz) existieren genauso die sieben geistigen Gesetze des Universums, die uns mental und emotional beeinflussen und einen Effekt auf unser Leben haben. Diese Gesetze heißen auch die „hermetischen Gesetze" und beschreiben die Gesetzmäßigkeiten, nach denen das Universum funktioniert. Da wir ein Teil davon sind, gelten diese Gesetze auch für uns.

Die sieben hermetischen Gesetze sind: das Gesetz der Geistigkeit, das Gesetz der Entsprechung, das Gesetz der Schwingung, das Gesetz der Polarität, das Gesetz des Rhythmus, das Gesetz von Ursache & Wirkung und das Gesetz des Geschlechts. Diese Gesetze basieren auf einigen einfachen Grundgedanken, wie z.B.: Alles, was ist, ist Energie, deine Gedanken ebenso wie dein Körper. Und auch: Die Gesetze des Universums existieren und funktionieren immer, zu jeder Tages- und Nachtzeit. Dabei ist es egal, ob wir mit ihnen im Einklang handeln oder nicht.

Ohne tiefer auf jedes einzelne dieser Gesetze einzugehen, ein paar kurze Thesen, die durch die quantenphysikalische Forschung der letzten Jahre gestützt werden:

- Alles ist Geistigkeit bzw. Bewusstheit. Alles, was von Menschenhand geschaffen wurde, existierte zuerst als Gedanke, als feinstoffliche Energie, bevor es materialisiert wurde.
- Gleiches zieht immer Gleiches an. Das, was du gibst, empfängst du auch wieder. Oder wie der Volksmund sagt: Wie du in den Wald hineinrufst, so schallt es wieder heraus.
- Deine Schwingung zieht die gleiche Schwingung an. Emotionen sind Schwingungen. Wenn du innerlich wütend oder voller Angst bist, wirst du auch im Außen mehr Wut und Angst wahrnehmen und dadurch diese Gefühle in dir wieder verstärken. Genauso andersherum: Wenn du Fülle fühlst, ziehst du Fülle an.
- Jede Ursache zieht eine Wirkung nach sich. Ergo gibt es keine Wirkung ohne Ursache. Übertragen bedeutet das: Jeder Saat folgt eine Ernte. Jeder Ernte ging eine Saat voraus. Heißt: Du erntest, was du säst.

Das mag sehr theoretisch und metaphorisch klingen, doch auch Sätze wie: „Du bist, was du denkst" oder das oft verwendete Zitat „Achte auf deine Gedanken, denn sie werden Worte. Achte auf deine Worte, denn sie werden Handlungen. Achte auf deine Handlungen, denn sie werden Gewohnheiten. Achte auf deine Gewohnheiten, denn sie werden dein

Charakter. Achte auf deinen Charakter, denn er wird dein Schicksal" weisen auf die Macht unserer Gedanken als Ausgangspunkt für bestimmte Ergebnisse hin.

Das ist auch die Grundidee hinter dem in der Einleitung kurz erwähnten Erfolgsklassiker von Napoleon Hill „Denk nach und werde reich" – die Annahme, dass der Erwerb von Reichtum (wie immer der Einzelne auch Reichtum für sich definiert; materiell oder immateriell) direkt und gezielt durch die richtigen Gedanken gesteuert werden kann. Hill benennt in seinem Buch 13 „Erfolgsgesetze". Durch sechs praktische, genau vorgegebene Schritte soll der Leser oder die Leserin automatisch „Reichtum" erlangen. Mit dieser Botschaft kann Napoleon Hill als Vorreiter und Wegbereiter international bekannter Erfolgscoaches gelten. Die Konzepte von Tony Robbins, Bodo Schäfer und anderen wurden entscheidend durch „Denke nach und werde reich" geprägt.[6]

Die Aussage aus der weiter oben zitierten Studie der Bertelsmann Stiftung: „Wir wissen nicht genau, was kommt, aber wir können es gestalten" ist zwar dort anders gemeint, lässt sich in dem hier in Säule 3 beschriebenen Kontext aber auch derart verstehen. Wir sind uns sicher einig, dass positive Gedanken und fromme Wünsche allein nicht für Ergebnisse sorgen. Sie dienen jedoch als Basis für Veränderung und Entwicklung. Gedanken bzw. unbewusste Denkmuster steuern unser Verhalten. Unser Verhalten produziert unsere Ergebnisse.

In seinem legendären Programm „Thinking into results" beschreibt der kanadische Autor und Erfolgs-Mentor Bob Proctor basierend auf „Denke nach und werde reich", wie genau sich Erfolg (was immer auch Erfolg für Sie ist) manifestieren lässt: durch das Setzen von klaren, lohnenswerten und attraktiven Zielen, durch konstante Fokussierung auf das gewünschte Ergebnis, den unerschütterlichen Glauben an das Ziel und durch die Veränderung von Denk-, Sprach- und Verhaltensmustern mithilfe verschiedener Techniken. Proctor spricht in diesem Zusammenhang von der Firmenkultur als „Unternehmens-Denkmuster, ... einer Vielzahl von Angewohnheiten ...".

Was denken Sie als Unternehmer, was denken Ihre Mitarbeiter über die Firma, die Produkte, die Prozesse, andere Mitarbeiter, die Kunden, die

---

[6] Wikipedia

wirtschaftliche Lage etc.? Wie reden Sie darüber? Worauf richten Sie Ihren Fokus – auf Fachkräftemangel, Rezession und hohe Energiepreise oder auf Möglichkeiten und Alternativen? Dabei geht es nicht darum, Dinge schönzureden und Herausforderungen zu ignorieren. Sicher nicht. Doch wie können Sie die universellen Gesetze besser nutzen? Wie können Sie im Unternehmen ein Klima des Vertrauens und des Miteinanders fördern? Welche verrückten anstatt vernünftigen Ideen dürfen Raum finden, um die Zukunft Ihres Unternehmens aktiv zu gestalten?

Wenn Sie zu all den oben genannten Ansätzen und Ideen Austausch, Unterstützung oder Begleitung möchten, lassen Sie uns gern sprechen.

© Dominik Pfau

Marion Masholder

Marion Masholder berät, trainiert und coacht Geschäftsführer, Vorstände und Top-Führungskräfte national und international agierender Unternehmungen in allen Fragen der Führungsexzellenz.

Insbesondere unterstützt sie in der von ihr gegründeten Akademie Unternehmen dabei, die richtigen Führungskräfte auszuwählen und zu entwickeln.

Nach ihrem Studium zur Sparkassenbetriebswirtin war sie bis zu ihrer Selbstständigkeit als Führungskraft in mehreren leitenden Positionen einer größeren Sparkasse tätig. Mit ihrer langjährigen Erfahrung in allen Bereichen der Unternehmensführung führt sie ihre Klienten zu mehr Erfolg.

Marion Masholder ist darüber hinaus Autorin, Hochschuldozentin und Speakerin. Als gefragte Top 100 Excellent Trainerin zieht sie in ihren Vorträgen die Zuhörer mit klaren Worten, gepaart mit Charme und einer großen Portion Humor, sehr schnell in ihren Bann. Ihre Vorträge werden regelmäßig mit Bestnoten ausgezeichnet.

Ihr Credo: Menschen und Unternehmen stärken – praxisnah, inspirierend, verständlich.

www.marion-masholder.de

Zukunftssicherung heißt Führungsexzellenz

Die Ära der Babyboomer neigt sich dem Ende zu. Ich selbst gehöre zu den Babyboomern und habe drei Jahrzehnte in Unternehmen gearbeitet, die im Wesentlichen mit „Command and Control" agierten. Sätze wie: „Der kann gut auf den Tisch hauen" oder „Der räumt da erst einmal richtig auf" hörte man nicht selten, und sie wurden leider auch häufig Realität.

Ein solcher Führungsstil war deshalb möglich, weil es in der Vergangenheit genügend Menschen gab, die auf der Suche nach einem Ausbildungs- oder Arbeitsplatz waren. Und irgendwie galt diese Art der Führung als „normal". Geprägt wurde die Babyboomer-Generation von Aussagen wie: „Lehrjahre sind keine Herrenjahre", „Es wird gemacht, wie ich es sage" oder „Sie werden nicht fürs Denken bezahlt".

Wem ein solcher Führungsstil irgendwann zu viel wurde, der bewarb sich meist intern auf andere Positionen – natürlich ohne die wahren Gründe für seinen Wechsel zu nennen. Es hieß dann: „Ich gehe den nächsten Karriereschritt" oder „Ich möchte mir noch weiteres Wissen in anderen Bereichen aneignen". Teilweise hat es sicherlich gestimmt – meine eigenen gesammelten Erfahrungen sind überwiegend andere.

Wer keinen internen Ausweg, keine Perspektive mehr sah, bewarb sich extern. Jeder Jobwechselversuch war ein Zittern und Bangen: „Hoffentlich bekomme ich den Job und komme endlich hier raus" (viele konnten in diesem meist viel zu lang andauernden Bewerbungsprozess oft an nichts anderes mehr denken) oder „Aber was, wenn es herauskommt, dass ich eine Kündigung in Erwägung ziehe?", „Was, wenn es dort noch schlimmer ist als hier?". Vom Regen in die Traufe – auch davor hatte man Angst. Viel zu viele Menschen blieben daher einfach dort, wo sie vielleicht schon vor zig Jahren nicht mehr sein wollten. Wer weiß, vielleicht sind einige von ihnen darüber sogar krank geworden. Nur die mutigsten Mitarbeitenden machten sich auf den Weg und wagten die berufliche Veränderung.

Wurden abwandernde Mitarbeitende konsequent gefragt, warum sie das Unternehmen verlassen? Sie kennen die Antwort: In der Regel nicht – eine Kündigung wurde eher als Majestätsbeleidigung empfunden.

Was hätten Organisationen bereits damals nicht alles aus den Ergebnissen hinterfragter Gründe lernen und frühzeitig nutzen können. Die,

die schon früh die Kraft des Off-Boarding erkannten und umsetzten, haben meiner Einschätzung nach genau deshalb heute keinen oder nur minimalen Mangel an Arbeits- oder Führungskräften.

Der Machtwechsel am Arbeitsmarkt

Die Machtverhältnisse am Arbeitsmarkt werden gerade neu geordnet. Jahrelang dominierten Arbeitgeber und wählten aus einem großen Pool an Bewerbern und stellten die Bedingungen. Mit dem demografischen Wandel, einer alternden Bevölkerung und einem immer größer werdenden Mangel an qualifizierten Arbeitskräften findet gerade ein Machtwechsel statt.

Wir sind mittendrin im Arbeitnehmermarkt, in dem qualifizierte Kandidaten die Wahl haben und Unternehmen um deren Aufmerksamkeit werben müssen. Dieser Umstand ist nicht mehr zu stoppen. Wenn man sich die von Zukunftsforschern und Demografen ermittelten Zahlen vor Augen führt, fehlen allein in Deutschland bis zum Jahr 2030 rund 5 Millionen Erwerbstätige. Selbst bei der rasanten Entwicklung und Einführung von Digitalisierung und künstlicher Intelligenz ist dies eine Zahl, die ganz sicher nicht vollständig kompensiert werden kann. Außerdem ist und bleibt der Mensch in vielen Berufen unverzichtbar.

Wer als Unternehmen zu den attraktiven Arbeitgebern gehören möchte, ist auf gutes Personal angewiesen. „Gut" meint nicht nur fachlich gut, sondern, dass Mitarbeitende auch eine hohe emotionale Bindung zum Arbeitgeber entwickeln. Gerade Führungskräfte haben einen großen Einfluss auf die Mitarbeitenden. Mitarbeitende, die von ihren Führungskräften unterstützt und wertgeschätzt werden, sind in der Regel weitaus engagierter, produktiver und meist nicht wechselwillig.

Leider wird in die stetige Entwicklung von Führungskräften gar nicht oder nicht genug investiert, damit sie diese so wichtige Aufgabe richtig und gut ausfüllen können bzw. up to date sind für die zukünftigen Aufgaben einer modernen Führungskultur.

Wir alle wissen, dass Unternehmungen kontinuierlich in Forschung und Entwicklung investieren müssen, um innovative Produkte, Dienstleistungen oder Geschäftsfelder zu entwickeln. Das ist aber nur der Blick auf Zahlen, Daten, Fakten. Es ist allerhöchste Zeit, sehr viel mehr in die moderne Personalauswahl und -entwicklung sowie Mitarbeiterbindung zu investieren. Es gibt tatsächlich Manager, die glauben, dass es sich hierbei um Kosten handelt. Nein, es ist ein Investment in das Unternehmen! Kosten entstehen ganz woanders oder besser gesagt, Gewinne werden nicht realisiert.

Das zeigt uns die von der Gallup Organisation (ein weltweit bekanntes Forschungsunternehmen) Jahr für Jahr durchgeführte Engagement-Index-Studie (s. Abb. 1), die seit vielen Jahren immer wieder nahezu identische Ergebnisse präsentiert. Für das Jahr 2022 wurden folgende Werte ermittelt – nur rund 13 Prozent der Mitarbeitenden sind Leistungsträger.[1] Ich wiederhole: nur 13 Prozent!

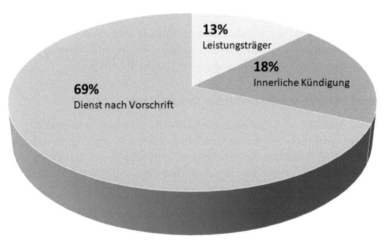

Gallup-Studie Engagement-Index Deutschland 2022

69 Prozent der Beschäftigten machen Dienst nach Vorschrift und 18 Prozent haben bereits innerlich gekündigt. Das bedeutet, dass 87 Prozent der Mitarbeitenden nicht ihr volles Potenzial nutzen bzw. zur Verfügung stellen. Wirtschaftlich ist das eine Katastrophe.

Top-Leader stellen sich natürlich sofort die Frage: „Was hat uns hierhergebracht und wie können wir das schnellstmöglich ändern?" Selbstver-

---

[1] Gallup Engagement Index Deutschland 2022, Pressemitteilung vom 22.3.2023.

ständlich ist Gallup dieser Frage auch nachgegangen. In der Studie sind im Wesentlichen fünf Gründe angeführt:

1. Mangelnde Führungsqualitäten
2. Fehlende Mitarbeiterbindung
3. Ungünstiges Arbeitsumfeld
4. Mangelnde Entwicklungsmöglichkeiten
5. Fehlende Wertschätzung und Anerkennung

Nachfolgend biete ich Impulse und Lösungsansätze an, mit deren Umsetzung Unternehmen nicht länger warten sollten, um als Arbeitgeber zu den Gewinnern zu gehören.

Die Führungskraft muss zum Unternehmen und das Unternehmen zur Führungskraft passen

Bei der Auswahl des Kandidaten geht es nicht nur um dessen berufliche Qualifikationen und Fähigkeiten, sondern immer auch darum, ob und inwieweit ein Kandidat zur Kultur des Unternehmens passt.

Die Ermittlung von überfachlichen Kompetenzen

Eine Vielzahl von Unternehmen arbeitet inzwischen vermutlich mit einem strukturierten Auswahlverfahren für Fach- und Führungskräfte. Ein meines Erachtens unverzichtbares Ergänzungstool, das einen wertvollen Mehrwert zur Entscheidungsfindung liefert, kommt häufig aus Unkenntnis gar nicht zum Einsatz.

Im Auswahlverfahren für Führungspersonen wenden Personalverantwortliche standardmäßig ein Lebenslauf-Screening, ein Vorstellungsgespräch und einen Referenz-Check an. Im erweiterten Auswahlverfahren kommen in der Regel vorher festgelegte und konsistent angewendete Fragen und Übungen (Assessment-Center-Aufgaben) mit Bewertungskriterien zum Einsatz. Ein Ansatzversuch, um Fairness und Validität des Verfahrens zu verbessern. Manchmal enthält es auch informelle Elemente – das Bauchgefühl des Interviewers.

Um ein umfassenderes Bild von der Persönlichkeit und den Fähigkeiten eines Führungskandidaten zu erhalten, empfehle ich bei der Auswahl von Führungspersönlichkeiten die Hinzunahme von diagnostischen Verfahren, die umfangreiche Auskunft über die „überfachlichen Kompetenzen" einer Person geben. Das Besondere daran ist, dass es ein breites Spektrum an Persönlichkeitseigenschaften misst, die für den beruflichen Kontext relevant sind. Es handelt sich um eine Selbstbeschreibung (siehe folgende Abbildung). Das Ergebnis liefert Antworten auf die Frage, in welchem Ausmaß die Person über ausgewählte soziale Kompetenzen verfügt, die im Führungskontext maßgeblich sind, wie es um ihre psychische Konstitution steht, welches Arbeitsverhalten dominiert und wie die berufliche Orientierung eingeschätzt wird.

Objektive Informationen
Lebenslauf

Fremdbild
Referenzen, Zeugnisse, Beobachtungen AC

Selbstbild
Überfachliche Kompetenzen

Dieses Verfahren ist kein Persönlichkeitstest und speziell darauf ausgelegt, die Eigenschaften und Fähigkeiten zu erfassen, die für den beruflichen Erfolg wichtig sind. Beachten Sie aber dabei bitte, dass das Verfahren immer nur als Teil eines umfassenderen Bewertungsprozesses zu verwenden ist und nicht als alleinige Grundlage für Personalentscheidungen.

Weitere Verfahren zur Entscheidungsfindung

Äußerst effektiv ist der Einsatz und Ergebnisabgleich mit einem zuvor angefertigten Stellenanforderungsprofil: Inwieweit stimmt das Kandidatenprofil mit den betrieblichen Anforderungen überein. Die Abweichungen können sowohl Aufschluss über mögliche Entwicklungsfelder als auch eine gute Gesprächsgrundlage für das Interview geben, um mit daraus abgeleiteten, gezielten Fragen auf den Wesenskern zu kommen. Es gibt verschiedene Verfahren, die je nach Vakanz ausgewählt und eingesetzt werden.

Diese Verfahren verwenden Normwerte, um die Antworten eines Individuums zu interpretieren. Das bedeutet, dass die Antworten einer Person im Vergleich zu einer Referenzgruppe bewertet werden, um zu bestimmen, ob sie im Vergleich zu anderen Führungskräften eher hohe oder eher niedrige Werte in den verschiedenen Dimensionen aufweisen. Diese Normierung ermöglicht eine objektivere und aussagekräftigere Interpretation der Ergebnisse. Es ist jedoch wichtig zu beachten, dass Normen nur einen Rahmen für die Interpretation der Ergebnisse liefern und – wie bereits erwähnt – auf keinen Fall das einzige Kriterium für die Beurteilung der Eignung oder Kompetenz einer Person sein sollten. Andere Faktoren wie Ausbildung, Erfahrung, Leistung und Interviews (die auch einen Werteabgleich ermöglichen, Unternehmenskulturfragen berücksichtigen sowie die Führungsleitlinien einbeziehen) sollten ebenfalls bei der Entscheidungsfindung berücksichtigt werden.

Durch den Einsatz eines diagnostischen Tools wird die Treffsicherheit für den richtigen Kandidaten signifikant gesteigert und kostenintensive Fehlinvestitionen, die bei Führungskräften schnell im 6-stelligen-Bereich liegen, können drastisch minimiert bzw. gänzlich vermieden werden. Die Investition für den Einsatz dieses Verfahrens ist hingegen verschwindend gering.

Perfekt positioniert, für Erfolg konzipiert – die richtige Führungskraft am richtigen Ort in der richtigen Unternehmung!

Doch die erfolgreiche Auswahl einer Führungskraft ist nur der erste Schritt auf dem Weg zur Exzellenz:

Von der Qualität der Führung hängt Ihr Unternehmenserfolg ab

Wie ein Spitzensportler, der nach einem triumphalen Sieg nicht aufhört zu trainieren, müssen auch Führungskräfte ihre Fähigkeiten kontinuierlich schärfen und aktualisieren, um ihre Führungsqualität zu halten bzw. auszubauen.

Die Qualität der Führung steigern

In einer Welt, die sich ständig verändert, ist eine stetige Weiterbildung und Anpassung unerlässlich, um den Herausforderungen von heute und morgen gerecht zu werden. Die Halbwertzeit von Wissen hat sich drastisch reduziert, und somit ist Wissen von heute vielleicht morgen schon veraltet oder irrelevant.

Genau deshalb sollten Unternehmen insbesondere Führungskräften den Pfad des lebenslangen Lernens nicht nur eröffnen, sondern mit einem großzügigen jährlichen, frei verfügbaren Weiterbildungsbudget fördern und darauf achten, dass sie es sowohl für fachliche als auch für persönlichkeitsbildende Angebote (Seminare, Trainings, Coachings etc.) nutzen und ausschöpfen.

Wie ist es in Ihrer Unternehmung? Sind Ihre Führungskräfte bereits fit für die Zukunft? Falls nicht, ist es höchste Zeit, darüber nachzudenken, schnellstmöglich mit einer systematischen Qualifizierung (Inhouse-Schulungen) aller Führungskräfte zu beginnen und Individualfortbildungen zu fördern.

Damit bringen Sie Ihre Führungskräfte auf Top-Niveau.

Eine Frage der Haltung – die transformationale Führung

Die vielen verschiedenen Führungsstile sind sicher hinreichend bekannt. In diesem Beitrag möchte ich näher auf den eher noch nicht so verbreiteten Führungsstil, die transformationale Führung (siehe folgende Abbildung), eingehen.

Es ist jedoch wichtig zu beachten, dass transformationale Führung nicht in allen Situationen oder Kontexten die beste Herangehensweise ist und dass sie effektiv umgesetzt werden muss, um ihre Vorteile zu erzielen. Führungskräfte sollten auch andere Führungsstile in Betracht ziehen und anwenden, je nach den spezifischen Anforderungen und Umständen ihrer Organisation.

Fakt ist, dass eine Untersuchung durch eine der größten deutschen Stellenbörsen ergab, dass 94 Prozent der Fachkräfte einen transformationalen Führungsstil bevorzugen und diese Ansprüche auch an Führungskräfte stellen. Diese Art der Führung kommt dem New-Work-Gedanken in vielerlei Hinsicht sehr nahe.

Transformationale Führung

Grundsätzlich kann man sagen, dass transformationale Führung gelingt, wenn eine Führungskraft in der Lage ist, ihre Mitarbeitenden dazu zu inspirieren, über ihre individuellen Interessen hinauszugehen und sich für das größere Wohl der Organisation einzusetzen. Vertrauen spielt dabei eine maßgebliche Rolle und ist die Basis von allem. Für den Vertrauensaufbau muss eine Führungskraft Vorbild sein und in Vorleistung gehen.

Es sind nicht die Firmen, die die Menschen hinter sich lassen, sondern die Führungskräfte, die sie enttäuschen!

Ganz oben auf der Liste der No-Gos im Führungsverhalten steht Vertrauensmissbrauch. Wenn Führungskräfte nicht zu ihrem Wort stehen oder sich nicht entsprechend für ihre Mitarbeitenden einsetzen, ist ein Bruch in der Regel die Folge. Über alle weiteren Punkte der transformationalen

Führung braucht die Führungskraft dann erst gar nicht weiter nachzudenken. Gelingt es der Führungskraft aber, aufrichtiges Vertrauen aufzubauen, liegen die Vorteile für alle Seiten auf der Hand. Es geht darum,
den Mitarbeitenden mehr Sinn und mehr Verantwortung für ihre Tätigkeiten zu geben, sie zu befähigen und in der Umsetzung zu unterstützen
sowie fair und vertrauensvoll mit ihnen umzugehen. Sie zu fordern und
zu fördern.

Die transformationale Führung bewirkt bei den Mitarbeitenden mehr
Lust auf Leistung, Kreativität, Teamgeist, intrinsische Motivation sowie
größere Arbeitszufriedenheit. Bei der Führungskraft bewirkt sie bessere
Beziehungen, mehr Energie und weniger Stress sowie Zeit für wichtige
Visions- und Zukunftsarbeit.

Für eine erfolgreiche Umsetzung ist eine klare Kommunikation mit
Absprachen und Transparenz unabdingbar; regelmäßiger Austausch,
Wissenstransfer und Zuverlässigkeit sind weitere wichtige Bestandteile
der Zusammenarbeit. Informationen und Kommunikation dürfen kein
Privileg von nur wenigen Mitarbeitenden sein.

Diese Art der Führungs- und Kommunikationskultur nimmt einen
ganz anderen Stellenwert ein und verändert die Zusammenarbeit und
den Unternehmenserfolg nachhaltig. Die Führungskraft entwickelt sich
Schritt für Schritt zum Coach und erntet dafür mehr Mitarbeiter- und
Kundenzufriedenheit. Dies wiederum führt zu Wachstum und Rentabilität.

*Situative, coachende Führung mit Herz, Hand und Verstand ist sinnstif-
tend, wertschätzend und gesund.*

Was ist ein Unternehmen ohne Mitarbeitende? Wie Ihre Führungskräfte
dazu beitragen können, dass Ihr Unternehmen zum attraktiven Arbeitgeber wird, lesen Sie jetzt:

Wie Sie zum Mitarbeitermagneten werden

Die Arbeitgeberattraktivität, oft auch als Employer Branding bezeichnet,
ist ein sehr wichtiger Faktor, um Talente zu halten oder anzuziehen. Auch
hier sind die Führungskräfte wieder maßgeblich mit ihrem Wirken und
ihrer Haltung beteiligt.

Die nachfolgenden Schlüsselaspekte müssen mindestens erfüllt sein, um die Attraktivität tatsächlich zu steigern:

1. Arbeitsumgebung und -kultur: Dieses Thema ist absolut zukunftsweisend. Der Mensch gehört wieder in den Mittelpunkt. Wesentliche Faktoren dafür sind ein positives Arbeitsumfeld und eine unterstützende Unternehmens-, Lern- und Fehlerkultur, die auf Vertrauen, Respekt und Zusammenarbeit basiert. Sollte in Ihrem Unternehmen dem Thema Unternehmenswerte noch keine Aufmerksamkeit geschenkt worden sein, empfehle ich, dies schnellstmöglich nachzuholen. Organisationsentwicklung ist ein Prozess und braucht entsprechend Zeit.

2. Entwicklungsmöglichkeiten: Mitarbeitende suchen nach Möglichkeiten zur beruflichen und persönlichen Weiterentwicklung sowie klare Karrierewege.

3. Vergütung und Benefits: Ein attraktives Gehalt und Zusatzleistungen wie betriebliche Altersvorsorge, flexible Arbeitszeiten, Homeoffice/mobiles Arbeiten oder Gesundheitsprogramm gehören heute zu den Incentives.

4. Führungsqualität: Mitarbeitende erwarten heute gute Führungskräfte, die ihre Teams effektiv und erfolgreich führen, unterstützen und motivieren.

5. Unternehmensreputation: Ein positives Unternehmensimage und starke Unternehmenswerte tragen dazu bei, als attraktiver Arbeitgeber wahrgenommen zu werden.

6. Work-Life-Balance: Unternehmen, die die Bedeutung einer guten Work-Life-Balance anerkennen und Maßnahmen ergreifen, um diese zu unterstützen, liegen voll im Trend.

7. Einfache, schnelle Bewerbungsprozesse: Unternehmen, die geringe Hürden im Bewerbungsverfahren haben und schnell in ihren Prozessen und Entscheidungen sind, punkten garantiert am Markt.

Die genauen Faktoren, die zur Arbeitgeberattraktivität beitragen, können natürlich von Branche zu Branche, von Unternehmen zu Unternehmen variieren. Eine effektive Strategie zur Steigerung der Arbeitgeberattraktivität erfordert eine genaue Kenntnis der Mitarbeitenden, ihrer

Bedürfnisse und Erwartungen sowie der spezifischen Anforderungen der Branche und des Marktes.

Fazit:

Die Zukunftssicherung eines Unternehmens hängt immer von zwei Faktoren ab – von guten Entscheidungen und von der Exzellenz der Führungskräfte.

© privat

Dr. Ingeborg Osthoff

Nach ihrem Studium der Volkswirtschaftslehre promovierte sie 1996 und arbeitete bereits während der Promotion im Weiterbildungsbereich als Trainerin und Dozentin primär für kaufmännische Fächer.

Dr. Ingeborg Osthoff arbeitet seit 1996 als selbstständige Trainerin, Coach und Beraterin. Seit 2006 ist sie primär als Coach und Beraterin im Transfergeschäft tätig und hat erfolgreich eine Vielzahl von Transferprojekten begleitet. Neben zahlreichen kleinen und mittleren Unternehmen zähl(t)en auch bundesweite namenhafte Großunternehmen wie Miele in Gütersloh am Standort Ettlingen und Heidelberger Druckmaschinen AG am Standort Heidelberg zu ihren Kunden. Parallel zu ihrer beruflichen Tätigkeit hat sie am ZfuW in Kaiserslautern ein Studium im Bereich Personalentwicklung mit dem Titel „Master of Arts" erfolgreich abgeschlossen.

Dr. Ingeborg Osthoff ist Mitglied beim Bundesverband der mittelständischen Wirtschaft (BVMW) Region Bielefeld, Detmold und Paderborn, Gesellschaft für Schlüsselkompetenzen (GfS) sowie bei GABAL e.V. Von 2011 bis 2016 war sie Geschäftsführerin der Stiftung STUFEN zum Erfolg. Seit 2019 engagiert sie sich beim HederLab in Salzkotten. Das HederLab unterstützt Start-ups, die in erster Linie digitale Konzepte realisieren wollen. Außerdem engagiert sie sich seit Sommer 2014 als Stadträtin der Stadt Salzkotten für kommunalpolitische Belange.

Ausbildungen: systemischen Coachingausbildung, Ausbildungen zum Resilienzcoach und zur Resilienztrainerin, Ausbildung als Kompetenztrainerin bei der SprachGUTAkademie von Sandra Mantz, kombinierte Gesundheits-Präventions- und Anti-Mobbing-Coachingausbildung beim Institut von Dr. Marlis Speis (2020). Sie gibt Seminare zu Themen wie „Resilienz" bei Institutionen und Privatkunden. Kooperationen bestehen mit der improwe GmbH und seit 2020 mit der Akademie von Dr. Marlis Speis.

inge.osthoff@web.de

Generation Z auf dem Arbeitsmarkt – Fluch oder Segen?

Die Babyboomer-Generation wird in den nächsten Jahren den Arbeitsmarkt verlassen und in Rente gehen. Die nachfolgenden Generationen X und Y stehen in der Mitte ihres Berufslebens. Jetzt drängt nach und nach die Generation Z oder Gen Z (das sind die Jahrgänge 1995 – 2009) auf den Arbeitsmarkt.

Wie tickt die Gen Z? (Quelle: Institut für Generationenforschung, generation-thinking.de; mit freundlicher Genehmigung durch Rüdiger Maas, Gründer und Vorstand)

Die Gen Z ist jung und hat eine Vielzahl von Möglichkeiten. Sie hat andere Werte und trifft ihre Entscheidungen viel freier als noch die Babyboomer-Generation. Aber, die Frage sei wirklich erlaubt, fliegt der Generation Z dennoch einfach alles so zu? Und: Was heißt überhaupt Gen Z?

Zur Zukunftssicherung von Unternehmen gehört auch das entsprechende Personal. Die Generation der Babyboomer wird in den nächsten Jahren nach und nach den Arbeitsmarkt verlassen, und die ihr nachfolgenden Generationen X, Y und Z werden die zukünftigen Anforderungen des Arbeitsmarktes bewältigen müssen. Insbesondere die Gen Z ist mit den technischen Errungenschaften aufgewachsen; für sie ist die Nutzung der technischen Möglichkeiten im Arbeitsalltag vollkommen normal (daher auch der Name „Digital Natives"). Doch wie blickt die Gen Z auf ihr Berufsleben?

Wie die Gen Z die Arbeitgeber sieht

Die Gen Z achtet viel stärker als die anderen Generationen auf die Arbeitgebermarke und die Arbeitskultur, wobei sich beides entsprechen sollte. Je stärker und positiver die Arbeitskultur von den Bewerbern der Gen Z wahrgenommen wird, desto größer ist die Chance, dass sich die besten Kandidaten bei dem Unternehmen bewerben. Gewinnt die Gen Z im Recruitingprozess jedoch den Eindruck, dass Anspruch und Wirklichkeit auseinandergehen, dann wird es schwierig, sie für das Unternehmen zu gewinnen bzw. sie im Unternehmen zu halten.

Die Gen Z gehört zur bestausgebildeten Generation. Viele verfügen über einen Universitätsabschluss, und ihnen sind Aufstiegs- und Weiterbildungsmöglichkeiten sehr wichtig. Für die Unternehmen lohnt es sich also, in Schulungs- und Förderprogramme zu investieren. Hinzu kommt die Erwartungshaltung der Gen Z, sich in der beruflichen Alltagspraxis weiterzuentwickeln. Investitionen in die berufliche Weiterbildung sowie Mentorenprogramme zur Bindung der Gen Z an das Unternehmen sind hier angezeigt. Egal in welcher Position die Gen Z beschäftigt ist, erwartet sie umfassende Schulungen am Arbeitsplatz.

Viele in der Gen Z möchten mit ihrer Arbeit Positives bewirken. Ihr soziales Engagement und ihre Zielstrebigkeit können von den Unternehmen genutzt werden, um mit motivierten Mitarbeitern bessere Ergebnisse zu erzielen. Den Digital Natives ist das Gemeinschaftsgefühl wichtig. Das kann durch die Mitarbeit in verschiedenen Projekten und Teams gefördert werden, sodass sich durch die gebotene Vielfalt jeder willkommen und wertgeschätzt fühlt.

Auch wenn die Gen Z an die digitalen Medien gewöhnt ist, so wissen sie doch um den negativen Einfluss der modernen Technologien auf ihre zwischenmenschlichen Beziehungen. Verblüffenderweise bevorzugen sehr viele das persönliche Gespräch. Die Gen Z ist mit Social Media groß geworden und direktes Feedback gewöhnt. Sie können mit direktem und konstruktivem Feedback bestens umgehen, was unmittelbar für bessere Ergebnisse sorgen kann.

Für die Gen Z stehen Eigenständigkeit, Flexibilität, abwechslungsreiche Arbeit und eine ausgeglichene Work-Life-Balance im Fokus. Sie passen ihr Leben nicht an die Arbeit an, sondern umgekehrt. Wie uns die Pandemie gelehrt hat, ist durch die Nutzung der modernen Technologien viel mehr Flexibilität möglich. Die gewünschte Flexibilität zeigt sich auch noch an einer anderen Stelle: Um ihre Mitarbeiter zu halten, müssen sich viele Unternehmen nicht nur gegen ihre Mitbewerber behaupten, sondern auch ihre Mitarbeiter davon abhalten, dass sie sich gänzlich aus einem Vollzeitjob verabschieden. Der Abschied von festen Arbeitszeiten steht bevor. Stattdessen sollten die Unternehmen die modernen Technologien dazu nutzen, Teilzeit, Auftragsarbeiten, Arbeitsplatzteilung, flexible Arbeitszeiten und/oder Telearbeit anzubieten. In einer Reportage des Saarländischen Rundfunks, und diverse Studien bestätigen dies, standen Sabbaticals, die Viertagewoche und Homeoffice im Fokus der Gen Z.[1] Den Mitarbeitern sollte entsprechende Tools zur Verfügung gestellt werden, um die flexiblen Arbeitszeitmodelle in der Praxis umzusetzen. Unternehmen sollten prüfen, ob der Fokus nicht besser auf die erzielten Ergebnisse als auf die gearbeiteten Stunden gelegt werden sollte. Werden diese Anregungen in die Unternehmenskultur integriert, wird auch das Preboarding und Onboarding sowie das Halten der Mitarbeiter der Gen Z erleichtert. Jedes Unternehmen ist dazu angehalten, schnellstmöglich einen Talentpool der Führungskräfte von morgen aufzubauen.

Interessant ist noch, was die Gen Z laut eines Artikels der Stuttgarter Nachrichten vom April 2023 nicht mehr hören kann:

„1. Und was kannst du mit deinem Studium später machen?

2. Wie du arbeitest nicht von 9 to 5? Was machst du den ganzen Tag?

3. Ihr habt es gut. Ihr habt doch alle Möglichkeiten der Welt.

4. Studierst du immer noch? Wann fängst du an, Geld zu verdienen?

---

[1] Both, Jimmy Niklas: Wie die Generation Z den Arbeitsmarkt verändert. In: SR.de. 23.05.2023. https://www.sr.de/sr/home/nachrichten/politik_wirtschaft/thementag_ diversity-day-2023_wie_die_generation_z_den_arbeitsmarkt_veraendert_100.html [26.07.2023].

5. Reisen? Willst du nicht lieber etwas Sinnvolles machen?

6. Ihr jungen Leute und eure Umwelt. Wir hatten damals andere Sorgen.

7. Wir hatten früher nicht so viel wir ihr heute.

8. Wir mussten früher soooo viel arbeiten.

9. Zu viel Stress? Kommt erst mal in mein Alter?

10. Solltest du nicht langsam mal an Nachwuchs denken?"[2]

Wie die Arbeitgeber die Gen Z sehen

Der Spiegel titelte 2019 in einem Artikel: „Faul und verwöhnt? Was Arbeitgeber an der Generation Z nicht verstehen"[3]. Ein anderer Beitrag im Spiegel trägt die Überschrift: „Generation Z sind ‚die illoyalsten Jobber aller Zeiten'"[4]. Stimmen solche Aussagen über die Gen Z wirklich? Betrifft es alle Arbeitnehmer der Gen Z? Kann ich wirklich alle über einen Kamm scheren? Liegen solche Aussagen daran, dass viele Unternehmer noch zur Babyboomer-Generation bzw. zur Generation X und Y gehören?

Auch ich gehöre zur Babyboomer-Generation. Ich kann mich noch gut erinnern, wie schwer es damals war, einen adäquaten Ausbildungsplatz zu finden. War der gefunden und die Ausbildung erfolgreich abgeschlossen, fing das große Zittern an: „Werde ich vom Ausbildungsbetrieb übernommen oder nicht?" Denn Arbeitskräfte gab es damals massenhaft. Jobs waren die Mangelware.

Die nächsten Generationen X und Y, die schon zum Teil mit den neuen Sozialen Medien aufgewachsen sind, hatten es schon etwas leichter auf dem Arbeitsmarkt. Auch wenn die ersten Anzeichen, dass es bald

---

[2] Haydt, Valerie: 10 Sätze, die die Gen Z nicht mehr hören kann. In: stuttgarter-zeitung. de. 13.04.2023. https://www.stuttgarter-zeitung.de/inhalt.generationen-clash-im-kessel-10-saetze-die-die-gen-z-nicht-mehr-hoeren-kann.ebe67989-e047-4e06-becb-9f08338779a3.html [26.07.2023].

[3] https://www.spiegel.de/start/generation-z-faul-und-verwoehnt-stimmen-die-vorurteile-a-e312bb0e-07f6-46db-a34c-ac7a2a2cb174

[4] https://www.spiegel.de/start/arbeitsmarkt-generation-z-anspruchsvoll-und-weniger-loyal-zu-firmen-a-1925f8ac-ef01-4ba0-b899-f6c848b5b90c

an Auszubildenden bzw. an Fachkräften fehlen würde, noch von vielen Arbeitgebern gekonnt ignoriert wurden.

Jetzt kommt die Gen Z nach und nach auf den Arbeitsmarkt und zwingt die Arbeitgeber gewissenmaßen dazu, sich umzustellen. Die Frage lautet nicht mehr: „Was bietet der potenzielle Arbeitnehmer dem Arbeitgeber?", sondern: „Was bietet der Arbeitgeber dem potenziellen Arbeitnehmer?".

Zunehmend erkennen die Unternehmen, dass sie attraktiver werden müssen. Um insbesondere gut ausgebildete und qualifizierte Fachkräfte der Gen Z zu gewinnen (und zu halten!), braucht es attraktive Angebote. So bietet etwa das altehrwürdige Unternehmen Villeroy & Boch seinen Mitarbeitern einige Freiheiten wie etwa einige Tage mobiles Arbeiten im Monat, unterschiedliche Teilzeitangebote für Väter und Mütter und Vertrauensarbeitszeiten. Zudem wird vom Unternehmen erwogen, die „Workation" einzuführen, eine Zusammensetzung aus „work" und „vacation". In „Workation" kann man von überall auf der Welt aus arbeiten. Je jünger die Mitarbeiter, desto wichtiger sind diese Freiheiten für sie.[5]

Für die Gen Z sind solche Arbeitsmöglichkeiten inzwischen oft schon Standard; wenn der Arbeitgeber solche Angebote nicht machen kann, kommt der Job eben nicht infrage. So ist es für viele Unternehmen oftmals sehr schwierig, als Arbeitgeber attraktiv zu sein. Das sieht man an den vielen offenen Stellen im Handwerk (schwere und/oder „dreckige" Arbeit) und im Pflegebereich (schwere Arbeit und unattraktive Arbeitszeiten). Natürlich nehmen auch ältere Arbeitnehmer angenehme Vorteile gerne an, doch für sie sind sie ein „nice to have", aber keine Grundvoraussetzung. Die Gen Z ist da sehr viel kompromissloser. Die jüngeren Mitarbeiter sind auch sehr viel schneller bereit, den Arbeitgeber zu wechseln. Wenn etwas nicht oder nicht mehr passt, suchen sie sich das nächste Unternehmen. Wie Arbeitgeber diese Herausforderungen lösen können, dafür gibt es noch kein Patentrezept.

In der IT-Branche sind Arbeitsformen wie Homeoffice oder flexible Arbeitszeitmodelle schon länger üblich, nicht erst seit Corona. Die älteren

---

[5]   Audio von Jimmy Both vom 23.05.2023, abrufbar unter https://www.sr.de/sr/home/nachrichten/politik_wirtschaft/thementag_diversity-day-2023_wie_die_generation_z_den_arbeitsmarkt_veraendert_100.html [26.07.2023].

Arbeitnehmer waren hier die Pioniere, und die Möglichkeiten wie mobiles Arbeiten wurden von allen Generationen gerne angenommen. Dennoch kann man auch hier Unterschiede im Verhalten der Gen Z ausmachen: Die Loyalität zum Arbeitgeber ist in den älteren Generationen höher – selbst wenn den jüngeren Mitarbeitern der Gen Z attraktive Angebote gemacht werden, wechseln sie nach ein paar Jahren die Stelle.[6]

Der Arbeitsmarkt im Wandel

Es vollzieht sich ein Wandel weg vom Arbeitgebermarkt hin zum Arbeitnehmermarkt. Früher waren die Arbeitnehmer der anderen Generationen froh, dass sie einen festen und sicheren Arbeitsplatz hatten und diesen auch lange behielten. Nach und nach gehen aber die geburtenstarken Jahrgänge in den Ruhestand, sodass mehr Stellen frei werden als Arbeitnehmer – insbesondere der Gen Z – nachkommen. Gut ausgebildete Bewerber haben heute sehr viel mehr Möglichkeiten als die Generationen vor ihnen. Das weiß die Gen Z nur zu genau. Dank des Fachkräftemangels können sie viele Vorteile für sich herausholen. Davon profitieren letztendlich aber nicht nur die Mitarbeiter der Gen Z. Auch allen anderen kommen die neuen Möglichkeiten zugute.[7]

Zum Schluss möchte ich noch ein Beispiel anführen, über das die Gen Z nachdenken könnte: Ein guter Freund erzählte mir, dass die Gen Z auch auf dem Arbeitsmarkt in Schweden Probleme bereitet. Als Abteilungsleiter hat er einen jungen Mann mit Bachelorabschluss eingestellt. Der Bewerber hatte ein sehr hohes Gehalt und zahlreiche Vergünstigen gefordert, um seiner Work-Life-Balance gerecht zu werden. Nach vier Wochen hatte der Mitarbeiter bereits einen Burnout, weil er es überhaupt nicht gewohnt war, 35 Stunden pro Woche zu arbeiten. Er ist seitdem arbeitsunfähig geschrieben, sodass dem Betrieb bislang nur Kosten entstanden sind. An dieser Stelle frage ich mich manchmal, ob eine Trennung in

---

[6] Audio von Frank Hofmann vom 09.08.2022, abrufbar unter https://www.sr.de/sr/home/nachrichten/politik_wirtschaft/thementag_diversity-day-2023_wie_die_generation_z_den_arbeitsmarkt_veraendert_100.html [26.07.2023].

[7] Both, Jimmy Niklas: Wie die Generation Z den Arbeitsmarkt verändert. In: SR.de. 23.05.2023.   https://www.sr.de/sr/home/nachrichten/politik_wirtschaft/thementag_diversity-day-2023_wie_die_generation_z_den_arbeitsmarkt_veraendert_100.html [26.07.2023].

Work und Life überhaupt zielführend ist. Ein Zuviel an Work und ein Zuviel an Life – beides ist nicht optimal. Work kann auch sehr befriedigend und nützlich sein.

Kommunizieren – das bedeutet mitteilen, teilhaben lassen bzw. etwas gemeinsam besprechen. Wenn wir Kommunikation so verstehen, dann können wir gemeinsam Brücken bauen, über die wir dann auch gemeinsam gehen. Gerade im Personalbereich, wo in vielen Bereichen Fachkräftemangel herrscht, ist es wichtig, dass wir aufhören, über die unterschiedlichen Werte und Bedürfnisse der einzelnen Generationen zu reden, sondern dass die Generationen miteinander reden und gemeinsam nach Lösungen suchen.

Mein Wunsch an die Babyboomer-Generation: Nehmt die Werte der Gen Z wahr und erkennt sie an! Man kann sich oft des Eindrucks nicht erwehren, dass ein neidischer Unterton mitschwingt, wenn die Gen Z „niedergemacht" wird. Was ist verkehrt daran, dass für die Gen Z das Leben nicht nur aus Arbeit besteht?

Mein Wunsch an die Gen Z: Nehmt die Werte der älteren Generation wahr und erkennt sie an. Was ist verkehrt daran, sich einem Unternehmen loyal verbunden zu fühlen?

Die Forderung lautet, generationsübergreifend voneinander lernen. Das gelingt aber nur, wenn die Generationen miteinander sprechen – und nicht übereinander.

© Justin Bockey

Dr.-Ing. Dirk Peters

Nach Abschluss seines Elektrotechnikstudiums und seiner Tätigkeit als wissenschaftlicher Mitarbeiter promovierte Dirk Peters im Dezember 1997 an der Universität Duisburg-Essen. Mit seinem in Köln gegründeten Ingenieurbüro hat er sich darauf spezialisiert, Unternehmen dabei zu unterstützen, ihre Betreiberverantwortung wahrzunehmen und eine rechtssichere Elektroorganisation aufzubauen. Dabei legt er besonderen Wert auf die Themen Verantwortung und den bewussten Umgang mit der Zeit als zentrale Ressource.

Dr. Peters verfügt über mehr als 25 Jahre Erfahrung als Führungskraft in verschiedenen Unternehmen, darunter auch Positionen mit Hunderten von Mitarbeitenden. Er besitzt umfassende Expertise in den Bereichen Organisation und Führung sowie fundierte Kenntnisse in Elektrotechnik, IT, Forschung und Entwicklung, KEP- und Fuhrparkmanagement, Medien und Facility Management.

Sein Portfolio als Experte umfasst die Durchführung von Trainings, Workshops und inspirierenden Vorträgen. Im Juni 2023 wurde er mit dem Exzellent Award beim 15. International Speaker Slam in Masterhausen ausgezeichnet.

www.drdirkpeters.de
www.17minuten.net

17 Minuten – Zeit ist die Ressource der Zukunft

„Ich habe keine Zeit" – Wie oft habe ich diesen Satz schon gesagt. Aber sind diese vier Worte „Ich habe keine Zeit" wirklich richtig? Hand aufs Herz: Haben wir wirklich keine Zeit, oder nehmen wir uns keine Zeit? Oft lassen wir uns von der Hektik und den Ablenkungen des Alltags überwältigen und vergessen, was uns wirklich wichtig ist. Am Ende des Tages fragen wir uns: Wo ist die Zeit geblieben?

Vielleicht hast du, genauso wie ich, in deiner Jugendzeit „Momo" von Michael Ende gelesen. Es erzählt die Geschichte des kleinen Mädchens Momo, das in einer Stadt lebt, in der die Menschen immer gestresster und gehetzter werden. In der Geschichte tritt eine mysteriöse Gruppe namens „die Grauen Herren" auf. Sie stehlen den Menschen Zeit und bringen sie dazu, ihre Zeit mit unnützen Dingen zu verschwenden. Momo versucht, die Menschen zu warnen und sie davon zu überzeugen, ihre Zeit nicht an „die Grauen Herren" zu verschwenden. Sie sammelt eine Gruppe von Freunden um sich und stellt sich „den Grauen Herren" entgegen.

Bei einem Blick auf diese Zeilen bekomme ich eine richtige Gänsehaut, denn „die Grauen Herren" von damals leben heute mitten unter uns – nur anders, und das rund 50 Jahre nach Momo.

APPgesteuert – APPgelenkt

Was haben wir vor dem Zeitalter der digitalen Medien gemacht, wenn wir etwas wissen wollten? Wir haben jemanden gefragt oder in unserem umfangreichen 24-bändigen Lexikon nachgeschlagen. Das hat oft sehr lange gedauert. War das damals der Grund für: „Ich habe keine Zeit"? Diese Aussage ist ja nicht erst in den letzten Jahren entstanden. Angesichts der heutigen Möglichkeiten dürfte sie nicht mehr gelten.

Wie sieht es in der Realität aus? Ein Moment der Ruhe – zack, haben wir das Smartphone aus der Tasche gezückt und beginnen, App um App zu öffnen. Bereits ein flüchtiger Blick genügt oft, um die Anzahl ungelesener Benachrichtigungen pro App zu erfassen und unsere Aufmerksamkeit darauf zu richten. Dank all dieser Apps können wir schnell auf die Informationen zugreifen, die uns das Internet bietet. Dies hat auch unser Verhalten grundlegend verändert. Früher mussten wir viele Dinge selbst wissen, während es heute nur noch darum geht, wie oder wo wir Informationen am schnellsten finden. Die Integration künstlicher Intelligenz optimiert zusätzlich die Recherche nach aktuellen Zahlen, Daten und Fakten – also eine Zeitersparnis im Vergleich zur früher?

Weit gefehlt! In den meisten Fällen bleibt es nicht bei der einen konkreten Anfrage „ans Netz". Einmal unterwegs, recherchieren wir in einer Unmenge von Informationen oder lesen und schreiben Beiträge in den vielfältigen zur Verfügung stehenden Plattformen und Portalen. Dabei sind viele Anwendungen so konstruiert, dass die Verweildauer dort möglichst lang ist, oder wir werden von Plattform zu Plattform weitergereicht. Zusätzlich beansprucht sowohl die geschäftliche als auch die private E-Mail-Kommunikation unsere Zeit. Die eigentliche Aufgabe gerät aus dem Fokus, wobei sie doch fast erledigt war. Laut einer Untersuchung von Martin Korte, Professor für Neurobiologie an der TU Braunschweig, benötigen wir im Durchschnitt 9,5 Minuten, um nach einer Ablenkung durch Apps den roten Faden einer Aufgabe wieder aufzunehmen.[1] Insgesamt verbringen wir auf diese Art und Weise gemäß einer Murmuras Studie aus 2020 in Deutschland durchschnittlich 229,1 Minuten pro Tag mit der Nutzung von Apps auf unseren Smartphones, was fast vier Stunden entspricht.[2]

Wir werden von unseren mobilen Endgeräten gesteuert – oder anders ausgedrückt: Wir sind im wahrsten Sinne des Wortes „APPgesteuert".

Darüber hinaus hat die TU Braunschweig festgestellt, dass unser Gehirn durch ständiges Warten auf den nächsten Klingelton, die nächste Vibration oder Benachrichtigung in einen permanenten Alarmzustand versetzt wird. Dieser Effekt wird verstärkt, wenn wir akustische Signale wie den bekannten „Ping" aktiviert haben. Unsere Aufmerksamkeit springt sofort von der aktuellen Tätigkeit zum Smartphone oder PC. Wir fragen uns unbewusst: „Wer hat mir eine wichtige Nachricht geschickt" oder „Was ist gerade passiert". Das führt im Laufe des Tages dazu, dass die Aufmerksamkeit ständig geteilt werden muss, weil unser Unterbewusstsein damit rechnet, dass sich jederzeit etwas ereignen kann.

---

[1] Korte, Prof. Dr. Martin: Frisch im Kopf: Wie wir uns aus der digitalen Reizüberflutung befreien, dva, 2023.

[2] de.statista.com: Durchschnittliche tägliche Smartphone-Nutzung nach App-Kategorien in Deutschland 2020, 2023.

Diese Tatsache, in Kombination mit der Vielzahl an Apps auf unseren mobilen Endgeräten, bietet enorme Möglichkeiten, uns von unseren eigentlichen Aufgaben ablenken zu lassen.

Wir sind nicht nur APPgesteuert, sondern zusätzlich APPgelenkt.

WAM – Werbung, Applikationen und Medien

Warum schaffen wir den Absprung nicht? Was hält uns fest? In all den Plattformen werden wir zum Beispiel mit Werbebotschaften durch Videos und verschiedene Nachrichten konfrontiert, die unser Interesse auf Neues und Wichtiges lenken. Die vermeintliche Zeitersparnis verpufft – wir haben mehr Zeit verbraucht.

Bildquelle: Dirk Peters erstellt mit KI (DALL E)

Aber nicht nur am Smartphone oder im Internet werden wir APPgelenkt. In den meisten deutschen Haushalten ist mindestens ein Fernseher vorhanden. Zusätzlich sind häufig auch Fernsehgeräte im Schlafzimmer oder Kinderzimmer anzutreffen. Eine interessante Statista-Studie ergab, dass im Jahr 2022 die durchschnittliche tägliche Fernsehnutzung von Personen über 14 Jahren in Deutschland bei etwa 213 Minuten lag.[3] Natürlich variiert die individuelle Fernsehnutzung sehr stark. Jüngere Menschen greifen eher auf Streaming-Angebote wie Netflix, Disney, Amazon, Sky und Co. zurück. Ob dieser Fernseh- und Medienkonsum als zu viel oder als genau richtig angesehen werden kann, möchte ich nicht bewerten. Die Vielfältigkeit unserer Angebote ist wichtig. Es gibt in unserer Medienwelt viele gute informative Beiträge, Dokumentationen oder Spielfilme. Für viele Menschen sind das Fernsehen und die Medien ständige und wichtige Begleiter. Doch egal, auf welchem Medium

---

[3] de.statista.com: Statistiken zum Fernsehen in Deutschland, 2023.

wir unterwegs sind, Werbung ist stets präsent und raubt uns fasst unbewusst unsere Zeit. Letztendlich liegt es an uns, die eigenen Prioritäten zu setzen und zu entscheiden, wie viel Zeit wir den Fernseh- und Streaming-Angeboten widmen möchten.

Wir haben eine Vielzahl an Möglichkeiten, uns mit Werbung, Apps und Medien – kurz WAM – zu beschäftigen. In gewisser Weise könnten WAM als moderne Entsprechung zu „den Grauen Herren" betrachtet werden. Heute sind es die WAM, die unsere Zeit in Beschlag nehmen und unsere Aufmerksamkeit beanspruchen

Die Lösung liegt auf der Hand

Warum liegt mir dieses Thema so am Herzen? Als langjährige Führungskraft bin ich oft der Zeit hinterhergelaufen und habe mich gefühlt wie in einem Hamsterrad: Hier noch eine dringende Aufgabe, da eine noch dringendere Aufgabe, und ein weiteres Thema muss mit Priorität eins bis heute Abend in perfekter Qualität erledigt sein. Bei den Mitarbeitenden war das oft nicht anders und regelmäßig kam die Aussage: „Wann soll ich das denn noch machen." Kaum von der Arbeit zurück, ist hier noch eine Nebentätigkeit oder da auch noch ein Ehrenamt. Für Familie und Freunde soll auch noch ausreichend Zeit zur Verfügung stehen. Abends noch schnell das Fernsehen oder das Tablet angeschaltet und abgetaucht in WAM.

Fühlst du dich angesprochen? Fragst du dich, wie du aus diesem endlosen Kreislauf namens „Ich habe keine Zeit" ausbrechen kannst, obwohl du vielleicht schon die eine oder andere Produktivitäts-, Selbst- oder Zeitmanagement-Methode ausprobiert hast? An dieser Stelle sei einmal hinterfragt, ob der Begriff „Zeitmanagement" überhaupt passend ist, da wir letztendlich die Zeit nicht wirklich „managen" können. Es sind und bleiben 24 Stunden pro Tag.

Um dennoch die Herausforderungen des Tages in der verfügbaren Zeit zu meistern und den Tag individuell zu gestalten, gibt es einige bewährte Methoden. Beispiele dafür sind:

- die **Eisenhower-Matrix** zur Einteilung von Aufgaben in Kategorien,
- die **ALPEN-Methode** zur strukturierten Planung und Nachkontrolle des Tages,

- die **Getting-Things-Done-Methode** zur effizienten Verwaltung und Kontrolle der Aufgaben des Tages,
- das **Eat-The-Frog-First-Prinzip** zur Erledigung dringender und ungeliebter Aufgaben als Erstes am Tag,
- die **Pomodoro-Technik** zur Unterteilung der Aufgaben in 25-Minuten-Abschnitte mit 5 Minuten Pause.

Jedes dieser Werkzeuge hat seine Vor- und Nachteile. Persönlich ziehe ich die 50/10-Technik vor, eine abgewandelte Form der Pomodoro-Technik, bei der 50 Minuten konzentriertes Arbeiten von 10 Minuten Pause abgelöst werden. Diese Methode kombiniere ich gerne mit der Getting-Things-Done-Methode und verwende einen grünen Marker, um meine erledigten Aufgaben zu kennzeichnen. Es gibt dabei kein „richtig" oder „falsch", sondern, wie wir in Köln sagen: „Jeder Jeck ist anders." Es geht darum, die für dich effektivste Methode zu nutzen. Trotzdem bleibt am Ende des Tages oft der Tenor „Ich habe keine Zeit". Unter dem Gesichtspunkt der vielen WAM kein Wunder.

Damit liegt doch die Lösung auf der Hand: Ich ändere mein Verhalten mit den WAM, setze meine Prioritäten anders, und schon breche ich aus diesem Kreislauf aus und habe endlich mehr Zeit. – Wenn es so einfach wäre ...

Warum gestaltet sich die Umsetzung einer scheinbar einfachen Veränderung als so schwierig? Um dies zu verstehen, machen wir einen kleinen Ausflug in die Aufgabe unseres Gehirns und die Evolution.

Exkurs: Unser Freund und unser Feind – das Gehirn

Die Hauptaufgabe unseres Gehirns besteht darin, unser Überleben zu sichern, und das gilt seit Millionen von Jahren für alle Lebewesen. Im Extremfall priorisiert das Gehirn das eigene Überleben und schaltet dabei andere Körperfunktionen aus. Dies erfordert eine beträchtliche Menge an Energie. Tatsächlich verbraucht das Gehirn rund 20 Prozent unserer täglichen Energie, obwohl es nur etwa 2 Prozent der Körpermasse ausmacht.

Um den Energieverbrauch so gering wie möglich zu halten, hat das Gehirn die Fähigkeit entwickelt, Gewohnheiten und Routinen zu

---

etablieren. Es ist viel einfacher, sich von WAM ablenken zu lassen, als selbst kreativ zu sein oder eine herausfordernde Aufgabe zu erledigen. Wir neigen dazu, vor dem Fernseher oder dem PC zu konsumieren und uns von der Fülle der Möglichkeiten berauschen zu lassen. Dies ist für das Gehirn bequem und energieeffizient. Leider stellen wir am Ende des Tages häufig fest, dass die Zeit wie im Flug vergangen ist.

Was nun? Nachdem wir festgestellt haben, dass wir viel Zeit mit WAM verbringen, APPgesteuert und APPgelenkt sind, stellt sich die Frage, wohin das führt. Unser Gehirn, unser treuer Begleiter, ermöglicht uns all das, aber gleichzeitig ist es unser Feind, da es Veränderungen scheut und Energieaufwand vermeiden möchte.

17 Minuten

Wie schaffe ich es nun, mehr Zeit zu haben? Dazu möchte ich eine Rechnung aufmachen:

Laut einer Umfrage des Robert Koch-Instituts schlafen Erwachsene in Deutschland durchschnittlich etwa 7 Stunden und 14 Minuten pro Nacht.[4] Dies ist nur ein Durchschnittswert ohne Berücksichtigung der individuellen Unterschiede. Einige Menschen benötigen mehr Schlaf, um sich ausgeruht und energiegeladen zu fühlen, während andere mit weniger Schlaf auskommen können.

Bei 7 Stunden Schlaf bleiben 17 Stunden pro Tag, in denen wir unsere Zeit individuell planen können, wie die folgende Grafik zeigt:

---

[4] in: Robert Koch Institut, Gesundheitsberichterstattung des Bundes, Heft 27, Schlafstörungen, 2005.

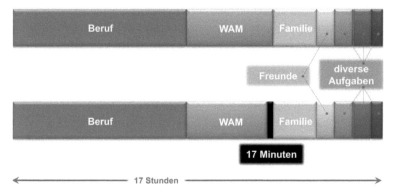

Bildquelle: Dirk Peters

Dargestellt ist eine beispielhafte Aufteilung der Tagesaktivitäten innerhalb der 17 individuell planbaren Stunden. Neben dem Beruf, der typischerweise 7 bis 8 Stunden in Anspruch nimmt, gibt es vielfältige Aufgaben im Bereich Familie und Freunde sowie weitere Verpflichtungen. Die Zeit, die du mit WAM verbringst, ist dabei bewusst separat dargestellt, wohlwissend, dass diese Aktivitäten oft mit Beruf, Familie, Essen und anderen Aktivitäten vermischt sind. Dennoch lassen sich zwei Aspekte ableiten:

1. Die Zeit pro Tag, die für WAM aufgewendet wird, ist beachtlich.
2. Alle anderen Aufgaben und Verpflichtungen teilen sich die verbleibende Zeit. Je mehr Zeit wir mit WAM verbringen, desto weniger frei planbare Zeit haben wir für die einzelnen Aufgaben.

Jetzt kommen die 17 Minuten aus der Überschrift und der Abbildung ins Spiel: Wenn ich pro Tag von diesen 17 Stunden nur 17 Minuten für die Dinge nutze, die mir wirklich wichtig sind und die ich gerne machen möchte, wie zum Beispiel ein Buch oder wissenschaftlichen Artikel lesen, in die persönliche Weiterbildung investieren, Sport treiben oder Meditation praktizieren, dann sind das weniger als 2 Prozent von meiner individuell planbaren Zeit. Bei 365 Tagen im Jahr sind das schon etwas mehr als 6 Tage, die ich für Aktivitäten verwenden kann, die ich ganz bewusst machen möchte und die mir wirklich wichtig sind!

Lass mich das mit einem Beispiel verdeutlichen: Der erste Band von Harry Potter „Stein der Weisen" hat um die 330 Seiten mit jeweils ca. 350

Wörtern. Bei einer durchschnittlichen Lesegeschwindigkeit von 200 bis 250 Wörtern pro Minute brauche ich gut 500 Minuten für dieses Buch. Wenn ich dieses Buch nur 17 Minuten pro Tag lese, dann habe ich das Buch in einem Monat durch. Oder noch viel besser: in einem Jahr 12 Bücher ähnlichen Kalibers. Ist das gut? Für eine Leseratte, die für ihr Hobby NIE Zeit hat, eine großartige Perspektive! Dabei spielt es keine Rolle, ob ich ein Buch oder einen Artikel als Papierversion, online oder als E-Book lese. Wichtig ist, dass ich die Zeit fokussiert ohne Ablenkung nutze.

Kommen wir noch einmal auf die obige Grafik zurück. Fällt dir bei einem Blick auf den zweiten Balken in der Darstellung etwas auf? Die 17 Minuten sind geplant! Die Rahmenbedingungen sind dieselben wie zuvor, nur wurde die Zeit, die für WAM aufgewendet wird, um genau 17 Minuten reduziert. Es handelt sich um eine kleine Veränderung mit enormer Auswirkung.

Betrachten wir die 17 Minuten einmal aus einer anderen Perspektive. Laut den Daten von Statista beträgt die durchschnittliche Lebenserwartung bei Geburt im Jahr 2020 für deutsche Männer etwa 78,5 Jahre und für Frauen rund 83,4 Jahre.[5] Konzentrieren wir uns auf die 78 Lebensjahre der Männer: Wir nehmen an, wir beginnen, mit dem 18. Lebensjahr bewusste Entscheidungen über unsere Zeit zu treffen. Das sind 60 Jahre, in denen wir uns an jedem der 365 Tage im Jahr für oder gegen 17 Minuten entscheiden können. Das ergibt aufsummiert ein ganzes Lebensjahr!

Wie komme ich darauf?

- Jeden Tag hast du 17 Stunden zur individuellen Gestaltung. Somit kannst du insgesamt in einem Jahr 6.205 Stunden, sprich 372.300 Minuten frei gestalten.
- Täglich 17 Minuten entsprechen 6.205 Minuten in einem Jahr.
- Bei 60 Jahren kommst du damit auf 372.300 Minuten, sprich auf ein Jahr.

---

[5] de.statista.com: Entwicklung der Lebenserwartung bei Geburt in Deutschland in den Jahren von 1950 bis 2070, 2023.

Fazit: 17 Minuten in 60 Jahren entsprechen einem ganzen Lebensjahr! Ja, du hast richtig gelesen, und damit möchte ich dich zum Nachdenken auffordern: Wenn du 17 Minuten pro Tag für Werbung, Apps und Medien aufwendest, bedeutet das letztendlich, dass du nach 60 Jahren ein ganzes Jahr mit WAM verbracht hast. Sei ehrlich zu dir selbst: Wie viel Zeit vergeudest du tatsächlich jeden Tag mit WAM?

Und nun mach einmal diese Rechnung mit einem Vielfachen dieser 17 Minuten, also mit 34 oder 51 Minuten pro Tag auf. Nimm zum Beispiel 50 Minuten für deine wichtigsten Anliegen. Dann summiert sich das im Laufe eines Lebens zu ganzen drei Jahren – eine beträchtliche, *ganz selbstbestimmte* Zeitspanne. Und als angenehmer Nebeneffekt: Wenn du das regelmäßig praktizierst, entwickeln die Synapsen in deinem Gehirn schnell eine neue Routine. Eine neue Gewohnheit ist entstanden, die mit zunehmender Übung und regelmäßiger Praxis immer stabiler und natürlicher wird. Du wirst feststellen, dass es dir immer leichter fällt, diese Aktivität auszuführen, bis sie schließlich zu einem selbstverständlichen Teil deines Alltags wird. Beeindruckend? Es ist eine Frage, die uns zum Nachdenken anregt. Sie macht uns bewusst, wie kostbar unsere Zeit ist und wie sehr wir durch bewusstes Handeln unsere eigenen Potenziale entfalten können.

Zeit ist die Ressource der Zukunft

Zeit ist zweifellos eine kostbare Ressource. Wir können keine Zeit sparen oder zurückholen, so wie die „Grauen Herren" in Momo. Daher ist es von großer Bedeutung, unsere Zeit klug zu nutzen, um unsere Ziele zu erreichen, unsere Arbeit effektiv zu erledigen und ein erfülltes Leben zu führen. Liegt darin vielleicht auch der immer stärker werdende Ruf nach einer besseren Work-Life-Balance oder einer verkürzten Arbeitswoche?

Für mich ist Zeit die wichtigste Ressource der Zukunft! In unserer modernen Gesellschaft, die von einer ständigen Informationsflut und zahlreichen Ablenkungen in Form von WAM geprägt ist, ist die Fähigkeit, Zeit effektiv zu nutzen, von besonderem Wert.

Es gibt unzählige Möglichkeiten, aktiv zu werden. Wir können zum Beispiel Werbung ablehnen, Newsletter abbestellen und E-Mails durch konsequente Filterung und Automatisierung reduzieren. Ja, dabei gehen uns vermeintlich Informationen verloren. Ich habe für mich festgestellt, dass ich durch die Reduzierung meines WAM-Konsums nichts Wesentliches verpasst habe. Nicht zuletzt habe ich gestaunt, welche zusätzlichen Perspektiven sich dadurch aufzeigen. Unterstützende Techniken wie Priorisierung, Delegation und Fokussierung auf die wichtigsten Aufgaben können helfen, die zusätzlich gewonnene Zeit zu strukturieren.

Das hat Momo aus dem Kinderbuch von Michael Ende erkannt und sich gegen „die Grauen Herren" und somit gegen die Zeiträuber gestellt. Machst du es Momo gleich?

Deine Zeit ist das Wertvollste, was du hast!

Sich Zeit zu nehmen, ist keine Planung im Kalender, sondern eine bewusste Entscheidung. Eine Entscheidung, Prioritäten zu setzen, vielleicht auf Dinge zu verzichten und trotzdem das Leben so zu gestalten, dass wir am Ende sagen können: „Ich habe meine Zeit richtig genutzt." Einer der Schlüssel zum Erfolg ist, die Zeit so zu nutzen, dass es „Ich habe keine Zeit" nicht mehr gibt. In der Zukunft darf es nur noch heißen: „Ich nehme mir keine Zeit."

Ein erster Schritt dahin ist es, jeden Tag 17 Minuten bewusst für etwas einzusetzen, das uns am Herzen liegt. 17 Minuten am Tag anders und gewinnbringender zu nutzen, bedeutet für mich bei 60 Jahren ein Jahr mehr Lebensqualität.

Mein Appell an dich: Nutze deine Zeit, denn sie ist das Wertvollste, was du hast: Sie ist deine Ressource für deine Zukunft!

© Roland Ebner – Premium Headshots

Maria Prinz, MSc

Wissen – Wirken – Visionen

Maria Prinz ist Mentee von Bob Proctor, Unternehmensberaterin und Leadership-Mentorin aus Leidenschaft. Sie hilft Menschen bei der Entwicklung und Entfaltung der eigenen Persönlichkeit und Fähigkeiten. Ihr ist wichtig, eine Kultur zu fördern, in der Schaffensfreude an den gemeinsam erzielten Ergebnissen im Vordergrund steht. Denn nur Organisationen mit solchen Leadern werden in Zukunft erfolgreich sein.

Ihre Vision ist die „PolePosition" für Unternehmen durch Wertschätzung und Menschlichkeit. Ihre Mission ist Authentizität im Sein durch Innere Haltung. Ihre Passion ist es, Menschen in ihrem Selbstimage zu stärken und nachhaltige Begeisterung im Unternehmen auf allen Ebenen spürbar zu machen!

Ihre konkrete Kombination zwischen theoretischem Wissen und praktischer Erfahrung als Führungskraft sowie der Einsatz des Programms *Thinking Into Results* sind die entscheidenden Erfolgsfaktoren für die dauerhafte Umsetzung und Verankerung des Erlernten im Verhalten.

Maria Prinz ist Expertin für nachhaltige Persönlichkeitsentwicklung und das richtige Mindset. Dabei geht es ihr im Besonderen um Menschen in Führungspositionen, die das Potenzial erkannt haben, ihre Persönlichkeit zu nutzen, um zum gewinnbringenden Gamechanger im Business zu werden. Als Mentorin, Autorin und Keynote-Speaker zeigt sie, wie Leadership heute funktioniert.

maria-prinz.com, office@maria-prinz.com, mission-poleposition.com
www.youtube.com/@mission-poleposition
www.linkedin.com/in/maria-prinz-msc-mission-poleposition/
#MissionPolePosition

Mutig und begeisternd Neues wagen! So wird Zukunft gelingen!

Durch einen Zufall lernte ich Anfang 2021 das Coaching-Programm *Thinking Into Results* von Bob Proctor kennen. Fasziniert stellte ich damals fest, dass es sich dabei um jene Art zu leben und zu arbeiten handelte, wie ich es intuitiv immer getan hatte. Hatte man mir doch in den letzten Jahren immer wieder gesagt, dass mein Führungsstil zu sozial sei. Aber nun stellte ich fest, dass es genau meine Art der Mitarbeiterführung war, die hier gelehrt wurde und die letztendlich auch für eine herausragende Unternehmenskultur durch Begeisterung verantwortlich ist. Etwas, was wir alle uns für unsere Organisationen wünschen und genau so, wie ich es eigentlich als Personalverantwortliche und Prokuristin bereits erleben durfte.

Unbefangen begann ich Anfang der 90er-Jahre in einem Betrieb als Lohnverrechnerin, wo eigenverantwortliches Arbeiten gelebt wurde. Mein Vorgesetzter war maximal zwei Stunden pro Woche vor Ort und somit lag das „Wie" in meiner Verantwortung, um die gewünschten Ergebnisse zu liefern – eine einzigartige Arbeitsweise in der damaligen Zeit, und noch dazu extrem motivierend!

So wurde es für mich sowohl privat als auch beruflich ganz normal, mich mit einem Wunschziel, einem Ergebnis, gedanklich vertraut zu machen und nicht großartig über die tatsächliche Realisierung nachzudenken, sondern „einfach zu tun". Gelegenheiten wie die Pensionierung der Buchhalterin nutzte ich sofort als Chance für Weiterentwicklung. Und so kam es, dass ich irgendwann beschloss, Kinder zu haben und trotzdem weiterzuarbeiten.

Mission „PolePosition" for your Thoughts, your Feelings, your Actions!

1999 war es dann so weit, ich war schwanger und mein erster Homeoffice-Arbeitsplatz wurde eingerichtet – zu dieser Zeit technisch eine echt große Herausforderung. Aber ich war in einem Bereich tätig, wo man auch damals bereits wunderbar von zu Hause aus arbeiten konnte, war ich doch per Telefon und E-Mail für alle jederzeit erreichbar.

Hatte mein Vorgesetzter zwar auch in den bisherigen Jahren nie gesehen, ob ich tatsächlich acht Stunden am Stück fleißig arbeitete, so war ich immerhin immer „körperlich" am Firmensitz anwesend gewesen. Durch meine Homeoffice-Lösung hatte er nun aber jede vermeintliche Kontrolle über mich verloren. Doch die Ergebnisse passten weiterhin: Löhne wurden monatlich abgerechnet, Steuern gemeldet, Zahlungen durchgeführt, Monatsberichte erstellt. Bei der Jahresabschlussprüfung stellte der Wirtschaftsprüfer fest, dass alles korrekt gelaufen war. Die Ängste meines Chefs waren also unbegründet und er konnte sich auch weiterhin darauf verlassen, dass die gewünschten Ergebnisse geliefert wurden. Klar, dass mein Vorgesetzter bei meinen folgenden Kindern nicht nervös wurde, sondern sich über die weitere erfolgreiche Zusammenarbeit mit mir freute.

Als Jugendliche hatte ich eine dreijährige mittlere Schule besucht, und nun kletterte ich die Karriereleiter hinauf. Buchhalter- und Bilanzbuchhalterprüfung, fachspezifische Weiterbildungen sowie Matura und Studium wurden berufsbegleitend absolviert, und wenn die Konzernleitung mit Herausforderungen wie Konzernabschlusserstellung an mich herantrat, überlegte ich nicht lange, sondern war einfach begeistert mit dabei. Genau diesen Funken der Begeisterung konnte ich später auch immer an mein Team weitergeben. So wie mein Vorgesetzter und ich es gelebt hatten, war nun auch für mein Team die Vorgabe, Arbeiten dann zu erledigen, wenn sie benötigt wurden, anstatt täglich acht Stunden abzusitzen. Außerdem lernten auch sie, Chancen für die berufliche Weiterentwicklung intuitiv zu nutzen.

Damals war mein Vorgesetzter äußerst selten bis nie mit Lob für meine Arbeit auf mich zugekommen. Ich spürte und hörte die Wertschätzung jedoch durch den Eigentümer und die Eigentümerin, die Kolleginnen und Kollegen, Kundinnen und Kunden, ja durch alle Stakeholder, indem man auf meine Expertise Wert legte. Und ich wusste, dass dafür nicht einfach meine erstklassige Tätigkeit verantwortlich war, sondern im Besonderen das Feedback, das mein Vorgesetzter bei jeder Gelegenheit über mich weitergab. Das ist echte Wertschätzung!

Erst als ich nach einigen Jahren die Buchhaltung am Standort übernahm, wurden die Meetings mit meinem Vorgesetzten, der sowohl Geschäftsführer am Firmensitz als auch CFO des Konzerns war, zum wöchentlichen Fixpunkt. Bei diesen Treffen erzählte er mir von Fusionierungen, Käufen, Finanzierungen usw. Anfangs war ich nur damit beschäftigt, die Zusammenhänge zu erfassen – wohlgemerkt ohne Google –, und hörte nur zu. Ich lernte von seiner Art zu denken, und irgendwann brachte ich mich in diesen Gesprächen auch aktiv ein und er hörte mir zu und nahm meine Überlegungen ernst, was für mich natürlich wieder motivierend war.

Wie ich meine Arbeit erledigte, später als Führungskraft agierte und heute mein eigenes Unternehmen führe, und auch mein Zugang zu außergewöhnlichem Leadership ist geprägt von diesem Mann, der mein Mentor war und heute für mich ein wertvoller Freund ist. In all den Jahren konnte ich immer auf ihn zählen, aber er natürlich auch auf mich! Er ist für mich ein großartiges positives Beispiel dafür, wie prägend eine Führungskraft letztendlich ist und den weiteren Lebensweg beeinflusst.

Mehr als ein Vierteljahrhundert war ich bereits tätig, als ich die Erfahrung machen musste, dass man nicht immer gerne zur Arbeit geht. Werte, die meine Firma für mich ausmachten, gab es in meiner Wahrnehmung mit einem Mal nicht mehr. Als Prokuristin musste ich Personalentscheidungen mittragen, die für mich menschlich nicht in Ordnung und wirtschaftlich nicht erforderlich waren. Bisher hatte ich zu der seltenen Gruppe gehört, die sich sonntagabends schon auf Montag und das Wiedersehen mit den Kolleginnen und Kollegen freute. Bis zu dem Zeitpunkt hatte ich Menschen nicht verstanden, die einzig und allein nur des Geldes wegen zur Arbeit gehen. Ich durchlebte jede Phase dieser Erfahrung und schlitterte auch in einen Burnout. Eine Ärztin ermutigte mich zur notwendigen Kündigung, und so schaffte ich es, trotz hervorragendem Gehalt, toller Position und familiären Verpflichtungen meine persönliche Angstbarriere zu durchschreiten und das Dienstverhältnis zu beenden. Die beste Entscheidung, die ich aus heutiger Sicht nur treffen konnte. So schmerzlich diese Erfahrung damals für mich war, so bereichernd empfinde ich sie heute.

Letztendlich ist es nicht wichtig, was du alles für ein Unternehmen getan hast und was dir deshalb vermeintlich zusteht. Mit Dienst nach Vorschrift schädigst du nicht nur das Unternehmen, sondern ganz besonders dich selbst. Was viele nicht bedenken, ist, dass es sich bei unserer Erwerbstätigkeitszeit auch um einen Großteil unserer Lebenszeit handelt.

Was wir aus dieser Zeit Sinnvolles machen, obliegt einzig und allein uns. Überlegungen und Ausflüchte, mit denen uns unser Umfeld konfrontiert, sind letztendlich nur Denkmuster, in denen wir alle gefangen sind. Diese zu hinterfragen und mutig Neues zu wagen, macht den entscheidenden Unterschied aus.

Mission „PolePosition" for You!

Eltern, Verwandte und Bekannte sowie Lehrerinnen und Lehrer bereiten Kinder zwar auf ihren weiteren Lebensweg vor, die Frage nach dem persönlichen Lebensziel wird aber bei der Berufswahl nach wie vor nicht gestellt. Und so sind wir Menschen mit dieser Frage gerne überfordert. Dabei ist der persönliche Lebenszweck ganz eng mit dem Lebensziel verbunden und muss mit dem Unternehmensziel des jeweiligen Arbeitsplatzes stimmig sein, um erfüllt leben zu können. Immer wieder erlebe ich allerdings, dass einzig der Ruhestand ein erstrebenswertes Ziel von uns Menschen ist.

Über Generationen wurde uns vermittelt, dass wir arbeiten müssen, um uns den Lebensunterhalt zu verdienen. Wer hart arbeitet, kann sich dann auch etwas leisten und wird im Alter auch einmal die verdiente Pension bzw. Rente erhalten. Aufgrund des demografischen Wandels ist mittlerweile durchaus einem Großteil der Bevölkerung klar, dass dieses System nicht mehr zufriedenstellend aufrechterhalten werden kann. Die eigene zusätzliche finanzielle Vorsorge wird immer wichtiger und entsprechende Finanzprodukte finden hier auch ihre Anwendung, um im Ruhestand genug Geld zur Verfügung zu haben.

Nachdem sich der demografische Wandel nicht nur auf die Finanzierung des Pensionssystems auswirkt, sondern auch auf den Arbeitsmarkt selbst, kommt es nun neben der sukzessiven Anhebung des Pensionsalters auch zu Überlegungen weiterer alternativer Erwerbsmöglichkeiten im Alter. Es wird immer relevanter, die gesetzlichen Rahmenbedingungen für altersgerechtes Arbeiten rasch zu schaffen.

Damit Menschen länger im Arbeitsleben bleiben, muss sichergestellt sein, dass dadurch keine negative Auswirkung auf ihre gesetzliche Pensionszahlung entsteht. Denn auch hier sind wir Menschen in unseren alten Denkmustern gefangen. Mit Eintritt in die Erwerbstätigkeit wurde uns versprochen, dass wir nach rund 40 bis 45 Jahren in den wohlverdienten Ruhestand mit entsprechenden gesetzlichen Pensionszahlungen treten dürfen. Hinzu kommt noch, dass „alte Menschen langsam sind", „zu viel kosten" und „den Jungen den Arbeitsplatz wegnehmen". Zeitgleich mit der Anpassung der gesetzlichen Rahmenbedingungen ist auch hier für die erfolgreiche Umsetzung das Hinterfragen und das Optimieren der Denkmuster in unserer Gesellschaft relevant. Nur so ist es möglich, mutig neue Arbeitsmodelle in den Köpfen der Menschen und in den Firmen zu implementieren. Ansonsten sind solche ambitionierten Vorschläge von vornherein zum Scheitern verurteilt.

Meine drei Söhne blicken zwar kopfschüttelnd auf meine jahrzehntelange Erwerbstätigkeit in nur einem Unternehmen, haben aber definitiv die Freude am selbstverwirklichenden Arbeiten von mir übernommen. Hier kurz ihre berufliche Laufbahn bis heute:

Mein ältester Sohn ist mir sehr ähnlich. Seine Schulzeit verlief problemlos, und heute studiert er erfolgreich und liebt seinen zum Studium passenden Nebenjob. Wäre er ein Einzelkind, würde ich glattweg behaupten, Erziehung sei ein Kinderspiel. Doch bei meinen jüngeren Söhnen durfte ich andere Erfahrungen machen und letztendlich meinen heutigen Unternehmenszweck bereits familienintern einbringen.

Als ich *Thinking Into Results* (TIR) kennenlernte, nahm ich damals prompt mit dem Proctor-Gallagher-Institut in Amerika Kontakt auf und begann die Ausbildung zum Certified Consultant. Mir war sofort klar, dass diese Art des Führungskräfte-Coachings dringend in der Wirtschaft benötigt wird, um gerade in Zukunft erfolgreich am Markt agieren zu können. Denn nur mit mutigen neuen Denkansätzen wird es weiterhin möglich sein, Personal zu bekommen. Unser zweiter Sohn hatte zwar unkompliziert und erfolgreich die Unterstufe im Gymnasium absolviert, scheiterte aber dann in der Oberstufe am realitätsfernen Bildungsplan. Für ihn war Hinnehmen keine Option, weshalb er in die Lehre zum E-Commerce-Kaufmann wechselte. Damit die Lehrzeit in keinem Desaster endet, nutzte ich diese Gelegenheit, und so wurde er mein erster TIR-Klient. Ihn bewusst auf ergebnisorientiertes Denken hinzuleiten war das Beste für seine weitere Entwicklung. Als ein Jahr später unser jüngster Sohn, mittlerweile an einer berufsbildenden höheren Schule, in der Pubertät etwas das Lerninteresse verlor, meinte unser Sandwich-

Kind: „Mach mit Mama *Thinking Into Results*. Ich weiß nicht wieso, aber es hilft wirklich!" ... Ich musste schmunzeln, denn er hatte recht: Es hilft!

Im Abschlusszeugnis unseres Zweitgeborenen stehen nur „Einsen", und wenn er mir von seinem Büroalltag erzählt, dann ist er der Meinung, dass er doch eigentlich außer ein paar Klicks den ganzen Tag nichts getan hat. Genau so soll es letztendlich sein. Unsere Gesellschaft aber ist geprägt von der Annahme, dass Arbeit hart und unangenehm sein muss, wohingegen Freizeit Spaß und Erholung bedeutet. Wer allerdings heute und in Zukunft am Arbeitsmarkt erfolgreich sein will, muss dringend umdenken. Wir alle wollen tätig sein, und Arbeit per se ist nicht schlecht, es ist einzig und allein unsere Einstellung dazu. Arbeit darf uns leicht von der Hand gehen und muss sogar Spaß machen, denn dann sind wir ganz unweigerlich auch innovativ, kreativ, effizient usw.

Durch meinen Zweitgeborenen durfte auch ich lernen, wie wertvoll eine Lehre ist. Als er die Schule abgebrochen hatte, meinten wir als Eltern: „Dann musst du aber eine Lehre machen", und ein negativer Unterton schwang beim Wort „Lehre" mit. Sobald wir erzählten, welche Ausbildung unsere Söhne machten, war diese Reaktion vorprogrammiert: „Ja, irgendwer muss halt auch eine Lehre machen", und auch hier war ein gewisser Unterton dabei. Mein Sohn aber kam nach der ersten Berufsschulwoche nach Hause und meinte: „Mama, zum ersten Mal habe ich in der Schule etwas gelernt, was man wirklich brauchen kann!"

Wir leben in Österreich, und hier kann man zur Berufsausbildung einerseits eine berufsbildende höhere Schule wie HAK, HLUW oder HTL absolvieren, die nach fünf Jahren mit der Matura (Abitur) abschließt, oder man beginnt eine kaufmännische, technische oder handwerkliche Ausbildung in einem Unternehmen, sprich eine Lehre. Diese Ausbildung dauert in der Regel drei bis vier Jahre und man hat die Möglichkeit, zwischen Lehre und Lehre mit Matura zu wählen. Beide Möglichkeiten stehen sowohl technischen, handwerklichen als auch kaufmännischen Berufen zur Verfügung. Die Möglichkeit, Lehrberufe mit Matura abzuschließen und somit die Aufnahmekriterien für ein Studium zu erfüllen, war vor Jahren eine Initiative, um Lehrberufe attraktiver zu machen. Die österreichische Wirtschaft setzt sehr auf die Lehre und kämpft dabei gegen Denkmuster wie „Die Lehre ist etwas für Schulabbrecher" oder

„Mit der Lehre kann man nie viel Geld verdienen" an. Wir bewegen uns nur langsam, und unsere Aktionen, Kinder und Jugendliche für die Lehre zu begeistern, sind durchaus sinnvoll, aber leider noch immer wenig effektiv, wenn das Umfeld nicht einbezogen wird. Solange sich an den althergebrachten Denkmustern und Vorurteilen in der Gesellschaft nichts ändert, wird sich auch der gewünschte Zustrom in die Lehrstellen in Grenzen halten. Jugendliche werden sich weiterhin ihren Eltern zuliebe durch Gymnasium, berufsbildende höhere Schulen und Studium quälen, was unweigerlich bedeutet, dass sie keinesfalls mutig neue Wege gehen.

Mission „PolePosition" for your Future!

Ich selbst gehöre der Generation X an und habe meine Work-Life-Balance den Bemühungen der Generation Y zu verdanken. Die Work-Life-Balance war für die Studierenden der Generation Y ein Top-Karriereziel. Für die Generation Z wiederum bedeutet Work-Life-Balance mittlerweile eine wöchentliche Arbeitszeit von rund 30 Stunden, und die Bemühungen zur flächendeckenden Umsetzung der 4-Tage-Woche bei gleichbleibendem Gehalt sind groß. Die Frage, „wer denn dann die ganze Arbeit machen soll", entspringt auch hier meines Erachtens veralteten Denkmustern in unserer Gesellschaft. Erinnern wir uns:

In Österreich und Deutschland wurde 1918 im Gesetz fixiert, an sechs Arbeitstagen jeweils acht Stunden zu arbeiten, was einer 48-Stunden-Woche entsprach. Als in den 1970er-Jahren die normale Arbeitszeit auf acht Stunden an nur mehr fünf Tagen pro Woche reduziert wurde, also auf eine 40-Stunden-Woche, gab es mit Sicherheit auch Stimmen, die sich nicht vorstellen konnten, „wer das bezahlen soll" und „wer die ganze Arbeit machen soll".

Generell ist es für mich ein überholter Denkansatz, immer davon auszugehen, dass wir für alle Arbeitsbereiche die adäquaten Lösungen vorgeben müssen. Es braucht natürlich gesetzliche Rahmenbedingungen, aber dann sollte der Fokus auf entsprechende Projektgruppen in den jeweiligen Unternehmen gelegt werden, die geeignete Modelle selbst entwickeln. Die Zielsetzung, diese Projektgruppen damit zu beauftragen, einerseits nach passenden Arbeitszeitmodellen bei gleichbleibenden Löhnen zu suchen sowie andererseits mögliche neue Verkaufsstrategien zu erarbeiten, ist dann auch durchaus realistisch. Entscheidend ist dabei, dass wir weg von unserem Stundendenken hin zu einem Leistungsdenken kommen müssen! Denn wenn in kürzerer Zeit dieselbe Leistung erbracht wird, ist es eine Win-win-Situation für alle. Auch hier steckt ein großes Problem in unseren verkrusteten Denkmustern, die uns noch immer erfolgreich davon abhalten, mutig diesen neuen Weg zu beschreiten.

Thinking Into Results – in Ergebnissen denken – ist in meinem Alltag die Basis für all meine Aktivitäten und mittlerweile auch die Grundhaltung in meiner unmittelbaren Familie. Jedem im Haus ist klar, dass man groß denken muss, und dann wird unweigerlich auch das richtige Ergebnis eintreffen. Die relevante Basis dafür sind unsere Gedanken, denn diese werden zu Gefühlen, zu Handlungen und letztendlich zu Ergebnissen. Aus diesem Grund ist es so wichtig, den Fokus auf die Gedanken zu richten und diese wenn nötig zu korrigieren, sollten nicht die gewünschten Resultate eintreten.

Früher ist es mir selbst immer wieder passiert, dass ich mit meinen spontanen Handlungen in Stresssituationen unzufrieden war. Obwohl ich mir z.B. bei Gesprächen mit Mitarbeitenden vornahm, es beim nächsten Mal anders zu machen, fiel ich immer wieder in das alte Muster zurück. Heute weiß ich, dass Änderung nur funktionieren kann, wenn man seine Gedankenmuster korrigiert. Eine wissenschaftlich belegte Tatsache ist, dass wir uns noch so viel Wissen aneignen können: Wenn wir es nicht in das Verhalten integrieren, sprich in unserem Unterbewusstsein verinnerlichen, wird sich nichts an unseren Ergebnissen ändern.

Wer tatsächlich mutig neue Wege gehen will, muss sich in erster Linie mit seiner eigenen Persönlichkeit befassen und dabei ganz im Speziellen mit den Denkmustern. Es sind die Menschen, die heute in einem Unternehmen den Unterschied machen. Menschen mit ihrer Persönlichkeit begeistern andere Menschen. Charismatische Menschen ziehen andere Menschen magisch an. Einzig und allein Menschen machen bereits jetzt und noch viel mehr in Zukunft den entscheidenden Unterschied aus. Es ist definitiv nicht der Obstkorb oder die Grünpflanze im Büro, und auch das Gehalt oder eventuelle Boni bleiben letztendlich nebensächlich, wenn die Menschen im Arbeitsumfeld nicht passen. Auch wenn der Job noch so toll ist, besagen Statistiken schon lange, dass die unmittelbare Führungskraft der Top-Kündigungsgrund ist. Deshalb ist der einzig relevante

Erfolgsfaktor einer Organisation der Mensch selbst und im Speziellen die Führungskraft, die begeistert!

Ob es nun im Ehrenamt, beruflich oder privat ist: Überall ist der Schlüssel für Erfolg „Begeisterung". Menschen wollen in ihrem Leben etwas bewegen, und dafür braucht es immer Begeisterung. Begeisterung wiederum kann nur entstehen und vermittelt werden mit den entsprechenden Gedanken. Gerade Führungskräfte bei dieser Herausforderung zu unterstützen ist daher mein Herzensanliegen.

Wie es nicht funktioniert, wissen wir mittlerweile zur Genüge. Zeit kostet Geld und beides weiter zu verschwenden ist mehr als sinnlos! Wenn wir für die Zukunft wirklich etwas verändern wollen, müssen wir mutig sein. Mutig können wir wiederum nur sein, wenn wir uns auf neue Ideen einlassen. Mut und Veränderung beginnen immer bei einem selbst. Mit einem Mentor oder einer Mentorin an unserer Seite wird uns letztendlich aber alles gelingen!

Meine Mission ist eine begeisternde Arbeitskultur, wo Menschen Freude an den gemeinsam erreichten Resultaten haben. Meine Mission ist eben die  PolePosition für Menschen, die begeisternd und mutig Neues wagen und dadurch sich selbst sowie ihr Unternehmen auf Erfolgskurs bringen!

© Sarah Kastner

Dr. Bernd Scharbert

Als erfahrener Steuermann großer Organisationen in der Chemischen Industrie und Moderator in herausfordernden Unternehmenssituationen ist er als Ratgeber und Begleiter bei Themen unterwegs, für die ein hoher Vertrauensbedarf besteht – Kultur, Change, Krisenmanagement.

Nach seinem Chemie-Studium in Tübingen hat er an der TU Darmstadt promoviert, woran sich ein zweijähriger Forschungsaufenthalt an der Harvard University anschloss, bevor er 1990 in die Chemische Industrie wechselte.

Bis 2021 war er Mitarbeiter der Celanese Corporation in leitenden Funktionen, einem Chemie-Unternehmen mit Hauptsitz in Dallas, Texas, mit mehr als 40 Produktionsstandorten sowie 10 Joint Ventures weltweit. Als globaler Produktions- und Technikleiter war er für bis zu 9 Werke weltweit verantwortlich, bevor er 2019 die Celanese in der Geschäftsführung des Beteiligungsunternehmens National Methanol Company IBN SINA mit Sitz in Saudi-Arabien als Vice President Finance vertrat.

Heute ist Bernd Scharbert selbstständig als Berater und Mentor tätig und begleitet Führungskräfte zu Themen Interkultureller Führung, Vielfalt & Inklusion, Change- und Krisenmanagement.

www.berndscharbert.com

Wege aus der Krise – Fünf Empfehlungen aus der Praxis

Krisensituationen im beruflichen Umfeld habe ich erlebt. Das brachte meine Tätigkeit als Werks- und Produktionsleiter in der Chemischen Industrie mit sich. Es waren weniger aktuelle Ereignisse als vielmehr die vielen Trainings, die ich für antizipierte Situationen absolvierte. Ich bin so gestrickt, dass ich fiktive Situationen als sehr real empfinde und durchlebe. Sehr anstrengend, aber mit einem großen Trainingseffekt. Meine Erfahrungen und daraus resultierenden Empfehlungen stelle ich Ihnen in diesem Beitrag vor.

Meine Empfehlungen präsentiere ich Ihnen hier vorab und erläutere sie dann an einem persönlichen Beispiel:

- Empfehlung 1: Einen kühlen Kopf bewahren
- Empfehlung 2: In Szenarien denken
- Empfehlung 3: Die Entscheidung nicht hinauszögern
- Empfehlung 4: In der Krise kommunizieren
- Empfehlung 5: Aus der Krise lernen und auf Neues vorbereitet sein

Die fünf Empfehlungen an einem persönliches Beispiel

Diesen und weitere Texte finden Sie in meinem Blog unter https://prepare 4landing.blog/expat-life-business-travel/.

Blogeintrag vom 2.2.2023: Am 2. Februar 2023, nach drei Jahren „Corona", ist es so weit: Im Fern- wie auch im öffentlichen Nahverkehr gilt in Deutschland keine Maskenpflicht mehr. Die Pandemie ist offiziell beendet. Ich denke zurück.

März 2020. Für uns, meine Frau und mich, brachte die ausbrechende Pandemie große Veränderungen mit sich. Ich war seit sechs Monaten in Saudi-Arabien als Geschäftsführer eines Chemie-Unternehmens und meine Frau begleitete mich. Neue Erfahrungen zu sammeln, eine wichtige und erfüllende Tätigkeit ausfüllen zu dürfen und die Gelegenheit, eine andere Kultur vor Ort kennenzulernen, habe ich sehr genossen. Wir wohnten, wie bei Expats üblich, in einem geschützten und abgeschlossenen Wohnkomplex, und es waren nur knapp 100 Kilometer bis

Manama in Bahrain. Dort hatten wir ein wunderschönes Nebenwohnsitz-Apartment, das wir regelmäßig am Wochenende nutzten (das in den arabischen Golf-Staaten Freitag und Samstag umfasst, Sonntag ist dort der erste Arbeitstag der Woche), oder besser gesagt, nutzen wollten. Mein Foto zeigt unseren Blick in die untergehende Sonne, in Manama aus unserem Apartment in Bahrain aufgenommen.

Am 7. März änderte sich alles. Als wir am Samstagnachmittag aus Bahrain wieder über die Grenze zurück nach Saudi-Arabien fahren wollten, erfuhren wir, dass Saudi-Arabien die Straßengrenzen wegen der COVID-19-Zahlen in Bahrain von heute auf morgen dichtgemacht hatte. Mit meiner Aufenthaltsgenehmigung (IQAMA) hätte ich zwar passieren dürfen, meine Frau mit ihrem Family Visum wurde jedoch abgewiesen. Gemeinsam kehrten wir nach Bahrain zurück. Was tun? Wir entschieden, dass meine Frau noch in der Nacht nach Deutschland zurückfliegen, also nicht allein in Bahrain bleiben sollte. Ich fuhr am Sonntagmorgen zurück nach Saudi-Arabien und musste feststellen, dass Deutschland auf die Liste der Hochrisikogebiete gesetzt worden war. Die Anzahl der berichteten COVID-19-Fälle in Deutschland stieg, lag aber noch unter der

magischen Grenze von 1000. Meine Gedanken: Was passiert, wenn auch die Grenzen nach Deutschland (und möglicherweise später auch anderer Länder in Europa) geschlossen werden? Was, wenn Deutschland nicht mehr angeflogen wird? Ich hatte mir eine kleine Excel-Tabelle gebastelt und errechnete den Anstieg der Zahlen in Deutschland. Diese waren zwar noch relativ niedrig, verdoppelten sich aber alle drei Tage. Das heißt, innerhalb von gerade einmal zweieinhalb Wochen könnten die Fallzahlen von 1000 auf 100.000 ansteigen, wenn man dem Trend nicht Einhalt gebieten konnte. Eine Katastrophe bahnte sich an, was im öffentlichen Leben noch nicht so wahrgenommen wurde. Daher meine Sorge.

Kurzentschlossen buchte ich für die kommende Montagnacht, den 9. März, ein Flugticket nach Frankfurt. Ich würde Urlaub nehmen, falls nötig, oder einfach sehen, wie sich die Lage entwickelte. Der Gedanke, möglicherweise lange von meiner Familie getrennt zu sein, war unerträglich. Noch am Montagnachmittag erreichte mich tatsächlich die Meldung, dass Deutschland die 1000er-Marke überschritten hatte. Ab Dienstag sollten keine Flüge mehr aus Saudi-Arabien nach Deutschland gehen oder von dort ankommen. Meine Abflugzeit nach Frankfurt lag kurz nach Mitternacht – war das schon Dienstag oder galt das noch als Montag? In weiser Voraussicht buchte ich noch ein Ersatzticket nach London, falls mein geplanter Flug nach Frankfurt abgesagt werden sollte. In Großbritannien wurden die COVID-19-Fälle noch nicht so akribisch erfasst wie in Deutschland; es war für den Moment noch ein „sicheres" Reiseland. Der Flug nach London ging etwa eine Stunde später und war deshalb eine echte Alternative.

Besorgt fuhr ich am Montagabend zum Flughafen nach Dammam. Noch war mein Flug nach Frankfurt im Plan; Einchecken, Passkontrolle, Lounge. Alles gut. Doch der Hinweis der Rezeptionistin: „Alles im Plan, ja – in shaa Allah", also „so Allah will", war mir ein Wink. Und tatsächlich, eine halbe Stunde vor dem Start wurde der Flug abgesagt. Die Lufthansa-Maschine musste im Flug umdrehen und nach Kuwait zurückkehren, weil keine Landeerlaubnis erteilt wurde. Wie gut, dass ich schon das Ersatzticket hatte! Der Flug nach London war ausgebucht, doch ich konnte auf diesem Weg über Großbritannien weiter nach Frankfurt fliegen. Geschafft. Ich war vereint mit meiner Familie – und das war das Wichtigste.

Der Rest der Geschichte ist schnell erzählt. Ab April war monatelanges Homeoffice in Frankfurt angesagt. Nicht die schlechteste Variante in dieser Situation. Das Visum meiner Frau war inzwischen abgelaufen und die saudische Botschaft in Deutschland geschlossen. Ich musste deshalb später allein nach Saudi-Arabien zurückkehren und dann dort auch noch Quarantänezeit absitzen. Das Bahrain-Apartment hatten wir inzwischen aufgegeben. Und meine Urlaubszeiten in Deutschland waren ständig durch Quarantäne-Bestimmungen überlagert. Ich einigte mich mit meinem Arbeitgeber auf die Auflösung des Arbeitsverhältnisses aus familiären Gründen und kehrte Ende 2021 nach Deutschland zurück – früher als geplant, doch das war ein bewusst ins Auge gefasstes Szenario, mit Plan-B-Alternativen für meinen weiteren beruflichen Weg.

Bitte nicht falsch verstehen: Ich schätzte meine Rolle und Aufgabe in Saudi-Arabien sehr. Neue Erfahrungen zu sammeln, viele schöne Momente zu erleben und die Gelegenheit, eine andere Kultur vor Ort kennenzulernen, habe ich sehr genossen. Priorität Nummer eins war und ist aber meine Familie.

Meine aus den Erkenntnissen resultierenden Empfehlungen

In einer sich entwickelnden Krise mit exponentieller Wachstumsrate relevanter Kennzahlen darf man nicht zögerlich entscheiden, sondern muss schnell agieren und in alternativen Szenarien denken. Die schnelle Entscheidung, aus Saudi-Arabien auszureisen und ein Back-up-Ticket zu kaufen, waren entscheidend dafür, dass ich meine Familie schnell wiedersah und vermeiden konnte, monatelang von ihr getrennt zu sein. Dafür bin ich sehr dankbar.

Ich hatte schon einige Jahre zuvor einen Plan B für meine berufliche Tätigkeit vorbereitet und immer wieder angepasst. Das war die Grundlage für einen echten Neustart. Hierbei bin ich meinen fünf eigenen Empfehlungen schrittweise gefolgt – auch wenn diese nicht frei von Fehlern und mit Raum für Anpassungen sind. Das Grundprinzip ist aber allgemein gültig.

Empfehlung 1: Einen kühlen Kopf bewahren

Ich habe mir angewöhnt, in Krisensituationen zu versuchen, einen kühlen Kopf zu bewahren. Dafür ist immer Zeit: Dreimal tief durchatmen, egal welchem Entscheidungsstress ich gerade ausgesetzt bin. Das hilft, den

Fight-, Flight- und Freeze-Instinkt unserer Amygdala im Gehirn auszuschalten oder wenigstens zu reduzieren. Das ist wichtig, um die eigenen Emotionen zu kontrollieren und die Gedanken zu fokussieren.

Hier sind einige Anwendungs-Tipps:

- Atmen Sie tief durch und zählen Sie bis zehn, bevor Sie Maßnahmen treffen.
- Versuchen Sie, sich auf Ihre Atmung zu konzentrieren und langsam und tief zu atmen.
- Versuchen Sie, Ihre Gedanken zu beruhigen und sich auf das Hier und Jetzt zu konzentrieren.
- Vermeiden Sie es, impulsiv zu handeln.
- Versuchen Sie, eine positive Einstellung zu bewahren und sich auf Lösungen statt auf Probleme zu konzentrieren.

Empfehlung 2: In Szenarien denken

Ich habe mir angewöhnt, mir die Szenarien einer sich entwickelnden Krise vorzustellen und mich darauf vorzubereiten. Also nicht das Beste zu hoffen, nicht den Kopf in den Sand zu stecken, sondern Handlungsoptionen und Alternativen zu durchdenken.

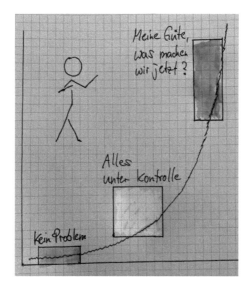

Zunächst einmal muss die Krise als solche erkannt werden. Das ist nicht immer einfach. Vor allem am Anfang läuft man Gefahr, die Frühwarnindikatoren zu übersehen. Auch, weil unser Gehirn auf lineare Prozesse getrimmt ist und den exponentiellen Verlauf unterschätzt. Mein Entwurf auf dem Flipchart soll das veranschaulichen.

Mein Tipp dazu:

Sammeln Sie Zahlen, Daten, Fakten (ZDF). Ich bin mir bewusst, dass auch das nicht leicht ist. Stichwort: Fake News. Jeder muss für sich entscheiden, welche Quellen er dafür nutzt und für sich als sachliche Information auswertet. Das Sich-Auseinandersetzen mit dem Thema ist allerdings die Voraussetzung für den nächsten Schritt, das Identifizieren von möglichen Szenarien. Wie im klassischen Risikomanagement lässt sich dann jedes Szenario anhand von Faktoren wie Wahrscheinlichkeit und Auswirkungen bewerten und daraus Pläne für jedes Szenario entwickeln.

Empfehlung 3: Die Entscheidung nicht hinauszögern
„Es wird schon gut gehen" – wie oft habe ich diesen Satz schon gehört. Manchmal geht es auch gut, aber oftmals eben nicht. Nichts zu tun ist also keine Option. Es sei denn, man hat dies als beste Handlungsmöglichkeit identifiziert und sich bewusst dafür entschieden.

Entscheidungen treffen in der Krise schafft Klarheit, für sich selbst und für die jeweiligen Stakeholder. Und damit werden Handlungsoptionen geschaffen. Der Frosch springt aus dem Wasser, bevor es zu heiß geworden ist. Wo genau er dann landet, hat er in der vorausgegangenen Szenario-Betrachtung zwar analysiert, aber es gibt natürlich keine Garantie dafür, dass alles genauso läuft wie zuvor antizipiert.

Ganz wichtig: Wenn eine Entscheidung getroffen wurde, entsteht gleichzeitig auch das Gefühl, wieder Kontrolle über die eigenen Handlungen zu gewinnen und nicht dem Verlauf der Krise einfach ausgesetzt zu sein. Ich habe selbst erfahren, dass man als aktiv Handelnder in einer Krise nie alles zu 100 Prozent richtig machen wird. Aber man kann versuchen, die Anzahl der eigenen Fehler so gering wie möglich zu halten.

Es gehört zu einer guten Fehlerkultur, eigene Fehler zu akzeptieren, nicht zu lange darüber nachzudenken und schließlich daraus zu lernen.

Einige Tipps dazu:

- Sprechen Sie Ihre eigenen Missgeschicke zeitnah nach dem Erkennen und konsequent an, sowohl sich selbst gegenüber als auch gegenüber Ihren Stakeholdern.
- Geben Sie Ihre Fehler zu, denn wer sich eingesteht, etwas falsch gemacht zu machen, kann daraus lernen.
- Humor erleichtert das Reden über eigene Fehler und übrigens auch über die Fehler anderer.
- Verlieren Sie keine Zeit, zu lange über eigene Fehler nachzugrübeln. Vor allem nicht in einer Krise.
- „Das war mein Fehler. Es tut mir leid." Die Entschuldigung fällt nicht leicht. Tun Sie es trotzdem.
- Lernen Sie aus Ihren Fehlern, zum Beispiel indem Sie eine methodische Analyse durchführen.

Also springen Sie und machen Sie dann das Beste daraus.

Empfehlung 4: In der Krise kommunizieren
Ich habe selbst erfahren, dass man in der Lage sein muss, seinen Stakeholdern zu erklären, was Sache ist und warum man sich so entschieden hat, wie man sich entschieden hat. Man sollte gesprächsbereit sein und Rede und Antwort stehen können.

Fragen kommen schnell und sehr viele, auch weil man über Online-Medien praktisch immer präsent ist, ob im professionellen Kontext oder im privaten Umfeld.

Hier einige Tipps dazu:

- Bereiten Sie am besten entsprechende Textbausteine vor, wenn Sie zuvor eine entsprechende Szenarien-Betrachtung durchgeführt haben. Es ist besser, wenn Sie in Ruhe über die Inhalte nachdenken können und sie nicht in der Hektik einer Krise erst entwickeln müssen.
- Üben Sie die Kommunikation für den Krisenfall vorab. Für sich selbst und ggf. auch mit Ihren Mitstreitern.
- Legen Sie Aufgaben und Rollen mit Ihren Mitstreitern vorher fest.
- Legen Sie auch fest, wer sich nicht äußert und an wen in einem solchen Fall verwiesen werden soll.

Empfehlung 5: Aus der Krise lernen und auf Neues vorbereitet sein

Schließlich entdeckt man nach überstandener Krise, dass sich nach der Krise vieles geändert hat und man damit beginnen muss, sich in der neuen Situation zurechtzufinden. Da ist es gut, wenn man schon vorher einen Plan B vorbereitet hat.

Kurzfristig liegt der Fokus auf den „Gefahrenabwehrmaßnahmen" in der Krise. Doch gleich danach kommen die Fragen nach den mittelfristigen und langfristigen Auswirkungen und wie man diese selbst bestmöglich positiv beeinflussen kann. Die Erleichterung, eine Krise überstanden zu haben, kann dazu verleiten, schnell wieder zum Tagesgeschäft überzugehen zu wollen. Dabei ist es gerade unmittelbar nach dem Überstehen in dem eigenen Erleben noch so präsent, dass man zügig mit der Reflexion darüber anfangen sollte.

Meine Tipps dazu:

- Was ist gut gelaufen?
- Was hätte besser sein können?
- Was lerne ich für die Zukunft daraus?
- Wo passe ich meine Prozesse deshalb entsprechend an?

Denn: Nach der Krise ist vor der nächsten Krise. Auch wenn man bestmöglich versuchen sollte, den Abstand zwischen den Krisen so groß wie möglich zu halten. Auch dafür gibt es Ideen und Vorgehensweisen. „Vorbeugung" ist das Stichwort.

Es ist im Übrigen immer von Vorteil, einen Plan B in der Schublade zu haben. Unabhängig von einem aktuellen Krisenszenario. Zum Beispiel habe ich in meiner Rolle als Führungskraft meinen Mitarbeitern immer geraten, sich mindestens eine weitere Option offen zu halten. Man findet oder erkennt diese Option vielleicht nicht auf den ersten Blick, aber es gibt immer mindestens einen weiteren Weg. Und das schafft innere Unabhängigkeit und im Krisenfall eine schnelle Folge-Option.

Fazit

Der Umgang in und mit Krisen ist zu einer Kernkompetenz-Notwendigkeit für Unternehmungen, Start-ups und Selbstständige geworden, auch im privaten Bereich. Und er wird immer wichtiger. Stichwörter: Pandemie, Klimakrise, Geopolitik.

Gerade bei den großen Themen dieser Zeit und den Einflüssen auf unsere eigenen Bereiche ist es nicht sinnvoll, den Kopf in den Sand zu stecken. Ja, der Umgang mit Krisen zehrt an unseren Kräften. Ein Grund mehr, unsere Energie darauf zu verwenden, Krisen zu verhindern oder sich auf die Auswirkungen von Krisenszenarien vorzubereiten, die mit einer hohen Wahrscheinlichkeit eintreten werden.

Ich bin überzeugt davon, dass man durch die aktive Auseinandersetzung mit möglichen Krisen nicht nur Worst-Case-Szenarien vermeiden kann, sondern auch Chancen entdeckt, die man positiv nutzen kann. Die Krise wird zur Chance.

Literaturempfehlungen

https://greator.com/emotionen-kontrollieren/
Meinl, P., https://weltweitimruhestand.de/2021/07, Eintrag vom 28.07.2021
Kutzscher, M., https://www.consulting.de/artikel/10-tipps-so-gehen-sie-richtig-mit-fehlern-um/, veröffentlicht am 06.07.2018

© Jutta Stegers

Nicola Schmidt

Als Wirkungsverstärkerin und Imageexpertin begleitet Nicola Schmidt Führungskräfte und Selbstständige in einen klaren, authentischen und kraftvollen Auftritt im Business mit Ausstrahlung.

Sie ist durch ihre langjährige Erfahrung im Vertriebsbereich international operierender Konzerne sehr vertraut mit Menschen, Personalführung und Vorgängen im Wirtschaftsleben. Dabei erkannte sie schon früh, dass nicht Daten und Zahlen die Menschen bewegen und berühren, sondern Emotion und Persönlichkeit. Das spornte Nicola Schmidt an, die Themen der Körpersprache & Rhetorik, Outfit & Auftreten zu vertiefen und erkannte, welche Kraft und Zusammenhänge diese Themen im Innen und Außen haben.

Die Expertin geht authentisch und feinfühlig ihrer Lebensaufgabe nach, andere Menschen dabei zu unterstützen, den eigenen Auftritt bewusst zu verstärken und mehr in ihre persönliche und unternehmerische Erfolgskraft zu kommen. Dabei ebnet sie ihnen den Weg mit direkt umsetzbaren Tipps zu einer kraftvollen Wirkung.

Sie ist mit ihrer Akademie seit 2011 auf dem Markt vertreten und hat in dieser Zeit weit über 1.000 praxisorientierte Veranstaltungen im deutschsprachigen Raum durchgeführt.

www.nicolaschmidt.com
www.image-impulse.com

Wie viel Mensch sind wir in der Zukunft?

Es leben die unbegrenzten Möglichkeiten! Die moderne Welt befindet sich nicht nur in einem unaufhaltsamen Wandel, sie dreht sich auch immer schneller. Technologiefortschritt und digitale Transformation feuern diesen Wandel an. Unaufhaltsam. Wo bleiben wir dabei, wo bleibt der Mensch?

Schön, was Technik alles kann und wie leicht nun alles ist, oder? Da wirkt die Zeit des letzten Jahrzehnts sehr rückständig. Heutzutage bewegen wir uns tatsächlich „im Land der unbegrenzten Möglichkeiten" – digital jedenfalls. Alles ist möglich. Heute Morgen waren wir noch in einer Web-Konferenz, gefolgt von einem Interview, digital natürlich. Dabei stellten wir fest, dass unser Teint etwas fahl aussieht. Gestern Abend war es vor dem Rechner schließlich spät geworden, das Online-Netzwerktreffen war ja sooo spannend gewesen.

Ein blasser Teint ist heute gar kein Problem mehr. Da legen wir einfach einen Filter auf das Video und schon wirken wir frisch, wie aus dem Urlaub. Ach, und wo wir schon dabei sind: Sind da nicht noch ein paar Fotos, die noch etwas aufgehübscht werden können? Also wird der langweilige reale Hintergrund gegen ein aufregendes Panorama ausgetauscht und Augenringe wegradiert. Mal eben einen Post auf Social Media? Kein Thema, es gibt doch KI. Eigene Ideen fallen schließlich nicht immer vom Himmel. Zum Glück lassen sich Texte innerhalb von Sekunden mittels ChatGPT erstellen. Wie praktisch! Dann werden die Posts automatisiert schnell in die Öffentlichkeit gebracht. Ganz einfach eben.

Ein Ausblick auf das Morgen

Wir leben in einem Zeitalter der Ablenkung. Der Wandel der Digitalisierung läuft immer schneller. Zukunftsprognosen zeigen uns auf, wie wir leben werden. Möglich ist es, dass das Internet von einem viel leistungsfähigeren Netzwerk abgelöst wird. Dahinter stehen Hochleistungsrechner, die aus heutiger Sicht riesige Datenmengen verarbeiten können. Zusätzlich werden sich neue Schnittstellen ergeben, die mittels Implantat Informationen direkt ins Gehirn spielen können.

KI wird die humane Intelligenz auf jeden Fall in Zukunft übertreffen. Das kann durchaus Sinn machen, gerade wenn es um höchste Präzision oder große Datenmengen geht.

Die Zukunft aus der Vergangenheit betrachtet

Gehen wir doch mal zurück in die 70er- und 80er-Jahre des letzten Jahrhunderts. Damals gab es in Spielfilmen schon sprechende Autos und mobile Telefone. In den Neunzigern kamen Ideen auf, digitale Geräte oder Leuchtmittel am Arm bzw. in der Kleidung aus Technomaterialien zu tragen. In meiner Studienzeit hatten wir die komplexe Aufgabe, solche Kleidungsstücke zu kreieren. Und das so nachhaltig wie möglich. Technomaterialien waren auf dem Vormarsch. Wer „in" sein wollte, kam um solche Outfits nicht herum.

Dass das alles mal Realität werden würde, konnten wir uns zwar vorstellen, doch wenn wir damals mit externen Menschen darüber sprachen, konnten diese damit noch nichts oder nur wenig anfangen. Für sie war das „Science Fiction".

Heute werden ganze Outfits aus dem 3-D-Drucker ausgespuckt. Junge Fashion-Designer nutzen diese Technologie und zeigen, welches Potenzial sich dahinter verbirgt, zeigen die positiven Auswirkungen, insbesondere was die Nutzung von Energie und Wasser angeht. Ich kann mir durchaus vorstellen, dass in Zukunft Textilfilamente hergestellt werden, die sich so verhalten wie Naturstoffe.[1]

Die Modedesignerin Stella McCartney engagiert sich aktiv für umweltfreundliche und „grausamkeitsfreie" Produkte. Mit Pilz-Outfits setzt sie ein Statement: Pilze sind ein guter Ersatz für Leder. Seit Kurzem ist man in der Lage, Stücke aus „Mylo" herzustellen, die so groß sind, um zum Beispiel Hosen daraus zu schneiden. „Mylo" besteht aus Myzel, also Pilzgeflecht, wächst nach und ist biologisch abbaubar. Der Anbau ist anspruchslos, energiearm und recycelbar. Im Vergleich zu Baumwolle ist der Wasserverbrauch sogar um ein Hundertfaches geringer.[2] Kleidungsstücke aus Mylo fühlen sich ganz weich an. Beispiele kann man sich auf Stella McCartneys Instagram-Seite ansehen.

---

[1] Das sieht auch das Zukunftsinstitut so: https://www.zukunftsinstitut.de/artikel/3d-druck-the-future-of-fashion/

[2] https://www.innovations-report.de/fachgebiete/biowissenschaften-chemie/kleidung-und-verpackungen-aus-pilzen/

Heutzutage kann Kleidung mittels Sensoren sogar Blutdruck und Puls messen.[3] Diese Funktionen finden zurzeit jedoch nur in der Medizin Anwendung – noch.

In den nächsten Jahren wird sich auf diesem Sektor noch viel tun, weil Nachhaltigkeit eben keine Modeerscheinung mehr ist.

Wo bleibt der Mensch?

Und hier die Kehrseite des Technik-Schlaraffenlands: Die beste Technik nützt wenig, wenn der Mensch sich selbst vergisst. Wenn wir nur noch funktionieren und der eigene Akku nicht mehr aufgeladen wird, im Gegensatz zum Handy-Akku. Statt in Ruhe den Lunch zu genießen, schieben wir uns mal eben einen Snack zwischendurch rein, während wir am Laptop tippend eine Mail schreiben. Oder zwischen Tür und Angel mit dem Smartphone am Ohr auf die Schnelle ein Käsebrötchen. Hauptsache, wir sparen Zeit …

Hand aufs Herz: Sparen wir mit immer mehr Technik wirklich mehr Zeit ein? Oder laufen wir nicht eher Gefahr, uns selbst zu sehr unter Druck zu setzen? Oft höre ich von Kunden und Teilnehmern: „Mir ist das alles zu viel." Oder: „Mir geht das alles zu schnell." Heute sagte mir eine Kundin, sie gewinne den Eindruck, dass Wertschätzung und Authentizität in der Kommunikation immer mehr auf der Strecke blieben. Ein anderer Kunde meinte, dass er nur noch unter Druck stehe, also unter Zeitdruck. Schließlich sei das Arbeitspensum in den letzten Jahren stetig gewachsen. Die Technik sei zwar auch mitgewachsen, nur das „Ich" komme mit diesen Mehr-Herausforderungen nicht immer so schnell mit.

Was spricht dagegen, unsere Zeit so planen, damit wir uns auch mal stärken und die eigenen Akkus aufladen? Dazu habe ich einige Tipps:

- **Tipp 1:**
  Tun Sie sich einen Gefallen und legen Sie das Smartphone beim Mittagessen weg. Konzentrieren Sie sich bewusst auf das Essen. Nehmen Sie sich Zeit für die Mahlzeit. Wie schmeckt und riecht sie? Welche Konsistenz und Farbe hat sie? Kauen Sie bewusst und langsam. Werfen

---

[3] https://www.aerzteblatt.de/nachrichten/83674/Wenn-die-Kleidung-Puls-und-Blutdruck-misst:

Sie dabei einen Blick auf sich selbst: Wie fühlen Sie sich nach dem Essen? Sind Sie zufrieden? Hatten Sie wirklich Hunger oder haben Sie nur etwas gegessen, weil es jetzt Zeit für das Essen ist?

Alle alltäglichen Abläufe, nicht nur das Essen, können wir im Hier und Jetzt wahrnehmen. Und somit ohne viel Aufwand zur täglichen Ruhe zu kommen.

- Tipp 2:
  Machen Sie einen kleinen Spaziergang an der frischen Luft. Setzen Sie Ihre Schritte bewusst und führen Sie „echte" Gespräche mit Arbeitskollegen.

  Wenn Sie dafür gerade keine Gelegenheit haben, dann machen Sie eine Atemübung: Zwei Sekunden tief in den Bauch einatmen und circa vier Sekunden ausatmen. Dabei geht es nicht darum, sich zum vollständigen Ausatmen zu zwingen. Lassen Sie einfach die Luft nach Gefühl los. Wiederholen Sie das ruhig einige Male. Achten Sie darauf, dass das Ausatmen länger dauert als das Einatmen. Die längere Ausatmung aktiviert unseren Parasympathikus, das beruhigt und entspannt.

Atemtechniken

Atemtechniken kenne ich seit meiner Jugend. Das Wissen gebe ich gerne an meine Kundinnen und Kunden weiter. Zugegeben: Anfangs habe ich selbst vergessen, sie regelmäßig zu praktizieren. Als ich im Außendienst tätig war, stand ich immer unter Zeitdruck. Ständig stand ich im Stau oder es gab andere Verzögerungen. Wie oft wünschte ich mir, ich könnte mit meinem Auto senkrecht nach oben abheben und zum nächsten Termin fliegen. (Auch wenn die Technik noch nicht so weit ist: Wenn dem so wäre, gäbe es sicherlich nur eine Stauverlagerung …) Eines Tages merkte ich, dass mir von einer Sekunde zur anderen schwindelig wurde. Das ging auch nicht weg, sondern belastete mich über Minuten, teilweise über eine Stunde. Am nächsten Tag trat das wieder auf und auch nachts. Immer ganz plötzlich. Als mir klar wurde, dass es an meiner Atmung lag, dass diese ganz flach war, ging mir auf, wie wichtig die richtige Atemtechnik ist. Seitdem habe ich Atemübungen fest in meinen Alltag integriert.

Ich führe dreimal am Tag mindestens eine Übung durch, und wenn es nur an der roten Ampel ist.

Wenn wir flach atmen, bekommen nicht alle Zellen genug Sauerstoff. Wir werden schneller müde, unkonzentriert und sind verspannt. Kopfschmerzen sind ebenfalls eine Nebenwirkung von zu flacher Atmung. Geschieht das über einen langen Zeitraum, geht das auf Kosten der Gesundheit. Atmen wir jedoch tief in den Bauch, werden unsere Zellen ausreichend mit Sauerstoff versorgt. Wir fühlen uns wacher und haben bessere Ideen, um nur einige Vorteile zu nennen.

Achtsamkeit, die Kraft der Gegenwart

In unserer digitalisierten Welt wird es immer wichtiger, den Blick auf den Moment zu richten und den eigenen Akku aufzuladen. Das gilt erst recht im Business. „Achtsamkeit" ist hier das Zauberwort. Achtsam zu sein bedeutet, den Fokus zu bewahren und eine gesunde Mischung aus real und virtuell, eine Balance zwischen Mensch und Maschine zu finden. Wie oft sind wir mit den Gedanken in der Vergangenheit oder in der Zukunft. Da ploppen zum Beispiel auf einmal Dinge auf, die noch in aller Hektik zu erledigen sind. Die Atmung wird immer flacher, ohne dass wir es merken. Wir haben den Eindruck, dass uns im wahrsten Sinne des Wortes die Luft wegbleibt.

Achtsamkeit (engl. mindfulness) wird auch als „Kraft der Gegenwart" bezeichnet. Achtsamkeit ist frei von Urteilen und richtet den Fokus auf das Hier und Jetzt. Ganz bewusst. Aus welchem Grund ist das gerade heute so wichtig?

Wir werden in unserer hochvernetzten Welt, die durch Geschwindigkeit und Datentransfer geprägt ist, ständig von Reizen überflutet. Gleichzeitig wächst das Bedürfnis nach mehr Menschlichkeit und Beständigkeit. Der Blick ist stets auf das Morgen gerichtet, auf virtuelle Parallelwelten – während Momente des bewussten Nichtstuns und Wahrnehmens immer seltener werden. Irgendetwas anderes scheint immer wichtiger.

In Zeiten der immer größer werdenden Informationsflut sind diese vier Punkte einfach wichtig:

- Ruhe bewahren
- Fokus auf das Hier und Jetzt setzen
- Kreativ sein
- Emotionale Intelligenz fördern

In der Businesswelt ist Achtsamkeit in vielen Bereichen angekommen, besonders in den Führungsetagen. In den USA haben schon viele Unternehmen das Thema gut integriert. Achtsamkeit steigert die Stressresistenz, Kreativität, Gesundheit und Empathie. Auch die Zufriedenheit der Mitarbeiter wird positiv beeinflusst, weil emotionale Intelligenz in der Führung zwischenmenschliche Beziehungen verbessert: Menschen fühlen sich verstanden und sind motivierter – eine innere Identifikation, die unbezahlbar ist.

In Gesprächen mit Geschäftskontakten höre ich oft, dass sie gern Achtsamkeit praktizieren würden, dafür jedoch keine Zeit haben. Es stünde aber auf ihrer To do Liste. Auch dies ist eines der Vorurteile, die es zu revidieren gilt: Für Achtsamkeit brauchen Sie nicht mehr Zeit, im Gegenteil: Achtsamkeit schenkt Ihnen mehr davon.

Elemente der Achtsamkeit

Im Buddhismus spielt die Meditation eine zentrale Rolle. Dabei steht das achtsame Erleben des Moments im Vordergrund. Jedoch können wir auch achtsam sein, ohne zu meditieren. Achtsamkeit hat nichts mit Religion oder Mystik, mit Räucherstäbchen und „Ommm" zu tun!

Achtsamkeit funktioniert beim Sport – durch die körperliche Betätigung in Verbindung mit Entspannungs- und Atemtechniken erzeugen wir einen Zustand der Entschleunigung und der Erdung. Das muss kein Yoga sein, auch alle anderen Sportarten oder Hobbys, die bewusst und mit genügend Zeit ausgeübt werden, sind genauso hilfreich, um wieder bei sich selbst anzukommen.

Ein Geschäftskontakt, Stephanie W., hatte über Jahre ihre Hobbys vernachlässigt, weil die Businesstermine Vorrang hatten. Arbeiten, arbeiten, arbeiten – teilweise bis spätabends. Pausen? Die blieben oft auf der Strecke. Zeit für private Dinge? Nein. Als es fünf vor zwölf war und sie merkte, dass ihre Gesundheit nicht mehr mitmachte, riss sie das Steuer herum. Mittlerweile hält sie sich Zeitfenster frei für private Interessen.

Empathie ist ein weiterer Aspekt von Achtsamkeit. Sich in den anderen hineinzufühlen, um denjenigen besser zu verstehen, lernen wir leider nicht in der Schule. Auch im Elternhaus wird das oft nicht vorgelebt. Wie denn auch, wenn auch die Eltern es selbst nicht erfahren haben. Das Schöne ist, es lässt sich lernen: indem wir aktiv zuhören und dem anderen Fragen stellen. Dadurch schwimmen wir auf einer Welle und kommen in den Dialog.

In meinen Veranstaltungen frage ich oft meine Teilnehmer, ob sie in ihrem Umfeld Menschen kennen, die so gut wie keine Fragen stellen. Es melden sich immer alle Teilnehmer. Oft kommen Sätze wie: „Ich habe den Eindruck, dass ich denen nicht wichtig bin." Oder: „Ich fühle mich übergangen, wenn der andere mit einem völlig anderen Thema startet."

Durch das aktive Zuhören zeigen wir nicht nur Interesse an der anderen Person, sondern auch Wertschätzung. Doch wie oft passiert es im Alltag, dass Menschen ungehalten reagieren, wenn bzw. weil sie unter Zeitdruck stehen. Das passiert jedem von uns mal. Viele Menschen stellen allerdings auch keine Fragen und hören nicht aktiv zu. Oder sie antworten auf eine Mail nur mit einer kurzen SMS. Oder reagieren auf einen Anruf über Social Media. Schon sind Missverständnisse vorprogrammiert. Das passierte einer Kundin von mir:

> Nadine S. erzählte mir, dass sie jemanden telefonisch erreichen wollte und um Rückruf bat. Der Angerufene hatte ihr jedoch über einen Social-Media-Kanal geantwortet. Sie ahnte das natürlich nicht und wunderte sich, dass sie keinen Rückruf bekam. Auch der Kunde wunderte sich, dass von ihrer Seite keine Reaktion mehr kam. Tage vergingen. Das Zeitfenster zum Abgabetermin wurde immer enger. Durch Zufall entdeckte Nadine die Nachricht und klärte in einem Gespräch das Missverständnis.

Auch ein einfaches „Danke" stärkt die zwischenmenschlichen Beziehungen. Wer dankbar ist, leidet weniger unter Angst und Stress. Das wirkt sich positiv auf unsere Gesundheit aus und trägt zu unserem Wohlbefinden bei.

Wie oft haben früher die Eltern zu uns gesagt: „Jetzt sag mal schön ‚Danke'!" Wie fühlte sich das an? Sicherlich nicht gut, denn die Aufforderung kam bei uns an wie ein Befehl. Das sollte es nicht sein. Wenn uns warm im Bauch wird, unsere Augen strahlen und wir total entspannt sind, dann spüren wir das Gefühl der Freude und Dankbarkeit. Das möchten wir dann gerne mit anderen teilen. Dann tut das nicht nur dem anderen gut, sondern auch uns. Ein Dank wirkt zurück auf den Dankenden. Beziehungen werden dadurch gestärkt und das Zusammenleben wird angenehmer.

Dankbarkeit lässt sich lernen. Führen Sie ein Dankbarkeitstagebuch, in dem Sie täglich einige positive Erlebnisse notieren. Das kann ein gelungenes Treffen sein, ein schöner Moment, dass die Sonne scheint oder auch, dass es regnet, der Parkplatz vor der Tür oder das leckere Essen.

Wie viel Mensch wollen wir in der Zukunft sein?

Wichtig ist es, dass wir Mensch bleiben und unsere Werte nicht vergessen, angesichts all der Technologie, der oft anonymen sozialen Medien, der Hektik und der Veränderungen. Dass wir mit uns und anderen achtsam umgehen. Wenn wir unser Gegenüber wertschätzen, kommt das in aller Regel auch wieder zu uns zurück. Schließlich sehnt sich jeder Mensch nach Respekt, Anerkennung und Wertschätzung. Diese Werte sind tief ins uns verwurzelt und werden auch in unserer hochdigitalen Welt weiterhin wichtig bleiben.

Achtsamkeit wird in Zukunft immer wichtiger. Es gilt, nicht nur mit Ressourcen, Natur und Umwelt achtsamer umzugehen, sondern auch mit sich selbst und anderen.

© Nedjo Radic

Christine Schmitt

Als examinierte Krankenschwester erkannte sie durch ihre Arbeit mit Patienten bald, dass die Schulmedizin sich meist um die Symptome kümmerte, aber die Ursachen außer Acht ließ, und wandte sich der Psychosomatik zu. Als Pionier im Team von Professor von Rad baute sie 1984 die stationäre Abteilung für Psychosomatik und Psychotherapie der Stadt München-Bogenhausen mit auf, die erste stationäre Einrichtung dieser Form in ganz Deutschland, und erweiterte ihr Wissen dazu an der Universität Graz. Diese Zeit prägte sie sehr und erweiterte ihr Verständnis über das Zusammenspiel zwischen Psyche und Körper.

Ihr Kontakt zu energetischen Heilweisen vervollständigte ihre Sichtweise zum Bild des ganzheitlichen Menschen. Parallel dazu lernte sie medizinische Hypnose sowie die Arbeit mit dem Unbewussten und die Basiselemente der verschiedenen Schulen in der Persönlichkeitsentwicklung.

Als Psychotherapeutin (HP) ist sie in eigener Praxis tätig und hat in ihrer inzwischen fast 30-jährigen Praxis Tausenden Menschen geholfen, ihre Krankheiten anders zu betrachten und zu besiegen. Mit der Ausbildung zum integrativen Neurocoach (2020) und dem Master in kognitiver Neurowissenschaft (2017) nahm Christine Schmitt die neuesten Erkenntnisse der Hirnforschung in ihre Arbeit auf.

2009 rief sie ihr Institut PLEOMA für ganzheitliches und lösungsorientiertes Arbeiten in Therapie und Ausbildung ins Leben. Mit ihren Mitarbeitern bildet sie in einer besonderen Art der Hypnose sowie in systemischer Generationsarbeit aus.

Ihr Anliegen ist es, den Menschen in sein ganzes Potenzial zu führen und ihm seine inneren Kräfte bewusst zu machen. Dazu hat sie erfolgreich weitere eigene Methoden entwickelt.

www.pleoma.de

Die beste Sicherheit für die Zukunft: Investiere in dich selbst

Die Dinge verändern sich, und diese Veränderung ist unausweichlich. In einer Welt, in der scheinbar die einzige Konstante der Wandel ist, gibt es wenig, das uns Sicherheit vermittelt. Sachen, die gestern noch als zuverlässige Sicherheitsnetze gedient haben, lösen sich heute in Luft auf.

Unsere Zeit ist schnelllebig, und wir erleben Veränderungen in einem Tempo, das so rasant ist wie nie zuvor. Grundprinzipien, auf die wir uns jahrelang verlassen haben, Werte, die uns in der Vergangenheit Sicherheit gegeben haben, scheinen plötzlich nicht mehr relevant zu sein. Das, was gestern noch als sicher galt, ist heute fraglich. Dieses Gefühl der Unsicherheit und Instabilität, dieser ständige Wandel, kann entmutigen und die Angst entfachen vor dem, was ist, und vor dem, was die Zukunft uns noch bringt.

Wir alle haben das in unserer jüngsten Vergangenheit hautnah ungewollt erfahren. Der vertraute Alltag wurde uns genommen. Das Geschehen der Welt hat uns auf uns selbst zurückgeworfen. Ob wir es wollten oder nicht, wir waren gezwungen, uns anders wahrzunehmen, weil alles andere weg war.

Diese Veränderung löste bei vielen tiefe Krisen aus und ließ sie die Welt wie in einem Gefängnis erleben. Sie fühlten sich verloren und isoliert.

Was bleibt, wenn alles geht?

In einer solchen Zeit stellt sich zwangsläufig die Frage: Auf was können wir uns wirklich verlassen? Die Antwort darauf ist einfacher, als man denken mag: Auf uns selbst.

Doch um das zu erkennen, müssen wir auch den Blick zunächst auf uns selbst richten. Es geht darum, ganz tief in uns selbst zu schauen, bis auf den Grund unserer Seele, um die Ressourcen und die Kraft zu entdecken, die in uns schlummern. Wir sollten beginnen, uns weitere wichtige Fragen zu stellen: „Was ist wirklich wichtig im Leben?", „Wer bin ich überhaupt in dem Ganzen?", „Was steckt in mir?", „Kann ich überhaupt etwas tun/verändern?", „Habe ich überhaupt die Fähigkeit, in diesem ganzen Wahnsinn etwas zu bewirken?", „Bin ich alleine, isoliert, mit meinem Job, in meinem Leben?", „Auf was kann ich bauen?"

Aber was hat die Suche nach der Antwort auf diese Fragen damit zu tun, herauszufinden, wer wir wirklich sind?

Auf den ersten Blick mag es überraschend erscheinen, dass die Suche nach der eigenen Identität, dem eigenen Selbst, einen so großen Einfluss auf unsere Zukunftssicherung hat. Doch die Wahrheit ist, dass wir erst dann, wenn wir wissen, wer wir sind, voll und ganz unser Potenzial entfalten und unsere Zukunft gestalten können. Und das ist in dieser Zeit wichtiger denn je.

Diese Fragen sind es, die uns tiefer in uns selbst führen und uns helfen zu erkennen, wer wir wirklich sind. Sie helfen uns zu verstehen, dass wir mehr sind als bloße Opfer der Umstände, mehr als unser Körper. Sie führen uns auf den Pfad der Selbsterkenntnis und Selbstentdeckung, zu unserem wahren Sein.

Ohne die gewohnten Strukturen und Sicherheiten fühlen wir uns eingesperrt, isoliert und vielleicht sogar verloren. Doch diese Situation birgt auch, wie so vieles Negative, eine unglaubliche Chance – die Chance, uns anders, vielleicht sogar zum ersten Mal wirklich, zu entdecken.

Die Zeit des Innehaltens, des Rückzugs, ist vorbei. Doch was ziehen wir an Erkenntnissen daraus? Was haben wir über uns selbst gelernt? Mit uns selbst alleine zu sein, kann entweder als ein Gefängnis empfunden werden oder als eine Chance, uns neu kennenzulernen.

Wer sind wir?

Unsere gesamte Sozialisation hat uns darauf trainiert, den Blick nach außen zu richten. Wir definieren uns durch die Erwartungen und Bewertungen anderer und sehen uns durch deren Augen. Und fragen uns ständig: „Was denken die anderen über mich?", „Wie muss ich sein, damit die anderen mich akzeptieren?", „Was muss ich tun, um dazuzugehören, um in dieser Welt zu bestehen?"

Diese äußere Betrachtung, dieses Streben nach Anerkennung und Zugehörigkeit, führt dazu, dass wir uns anpassen. Doch dabei verlieren wir uns selbst. Wir wissen nicht mehr, wer wir wirklich sind. Wir haben gelernt, wie wir funktionieren müssen, um in der Welt zurechtzukommen, aber wir haben vergessen, wer wir in unserem Inneren sind, was unsere wahren Bedürfnisse, Wünsche und Ziele sind.

Wer sind wir also wirklich? Sind wir isolierte Wesen, die einfach nur versuchen, in der Welt zurechtzukommen? Oder sind wir ein Teil der Natur, ein Teil eines größeren Systems, in dem alles seine Ordnung und seinen Platz hat?

Wenn wir erkennen und verstehen, dass wir alles in uns haben, dass alle Kräfte und Ressourcen in uns liegen, dann erkennen wir auch, dass wir unseren wahren Platz in der Welt noch nicht verstanden haben.

Wir haben gelernt eine Maske aufzusetzen, eine Rolle zu spielen.

Wir leben etwas, was wir nicht sind, sondern was von uns erwartet wird.

Ist das der Grund, warum vieles in der Welt im Ungleichgewicht ist?

Wir sind mehr als unser Körper

Es beginnt alles mit der Erkenntnis, dass wir nicht isoliert sind, sondern Teil eines größeren Systems. Die Menschheit ist ein integraler Bestandteil der Natur und des Universums. Das zu erkennen und zu akzeptieren ist ein erster, wesentlicher Schritt. Wir sind nicht nur Einzelwesen, die versuchen, ihr Leben zu meistern. Nein, wir sind Teil eines komplexen, wunderschönen Ganzen, in dem alles miteinander verbunden ist.

Wir sehen uns dann als Teil von etwas Großem. Von einem System, in dem alles seinen Platz hat. Und fühlen uns sicher. Wir entdecken unsere Schöpferkraft. Wenn wir diese Erkenntnis aus uns fördern, erleben wir uns selbst in unserer vollen Kraft und Schönheit.

Es ist Zeit, sich auf diese Reise einzulassen, denn wir können nur Gewinner sein.

Stell dir vor ...

Stell dir vor, wir alle würden unser ganzes Potenzial leben. Das ist ein beängstigendes, aber gleichzeitig erstaunliches Gedankenspiel: Was wäre, wenn wir aufhören würden, uns anzupassen, und stattdessen anfangen würden, wir selbst zu sein? Es klingt fast zu schön, um wahr zu sein, nicht wahr? Doch es ist nicht nur ein bloßes Gedankenspiel, sondern eine Möglichkeit, eine Chance, die in jedem von uns schlummert.

Stell dir vor, wir wären glücklich und zufrieden mit uns selbst und könnten unser Leben nach unseren eigenen Bedürfnissen und Wünschen gestalten. Es lohnt sich, diese Vorstellung zuzulassen. Die Welt würde sich komplett verändern, und wir wären die Pioniere dieser Veränderung.

Manchmal kann es schwerfallen, sich vorzustellen, dass so eine radikale Veränderung möglich ist. Doch die größten Veränderungen beginnen oft mit einem einfachen Schritt, mit einer Entscheidung, einem Gedanken. Wenn wir entscheiden, unser eigenes Potenzial voll auszuschöpfen, wenn wir uns dazu entschließen, uns selbst zu entdecken und wir selbst zu sein, dann können wir Berge versetzen. Dann können wir uns selbst und die Welt um uns herum verändern.

Aber wie gelangen wir zu diesem Punkt? Der erste Schritt ist immer der schwierigste: Wir müssen bereit sein, uns selbst zu erkennen, uns so zu sehen, wie wir wirklich sind, mit all unseren Stärken und Schwächen, mit all unseren Träumen und Ängsten. Wir müssen bereit sein, den Blick in den Spiegel zu wagen und die Wahrheit zu sehen.

Wir sind Körper, Geist und Seele

Dieser Prozess der Selbsterkenntnis ist nicht immer einfach. Es kann schmerzhaft sein, sich selbst gegenüber ehrlich zu sein. Es kann beängstigend sein, sich seinen Ängsten und Schwächen zu stellen. Doch genau in diesem Ablauf liegt die Chance zur Veränderung, zur Transformation. Es ist ein Prozess, der Mut erfordert, aber auch ein Prozess, der mit ungeahnten Belohnungen einhergeht. Denn wenn wir uns selbst erkennen und akzeptieren, wenn wir unser ganzes Sein mit Freude annehmen, dann entdecken wir auch unsere wahre Stärke. Wir erkennen, dass wir mehr sind als nur Körper. Wir sind Körper, Geist und Seele. Und wenn uns das bewusst wird, dann können wir anfangen, unser volles Potenzial zu entfalten.

Das bedeutet nicht, dass wir aufhören uns zu verbessern, zu wachsen und zu lernen. Im Gegenteil: Wenn wir uns selbst akzeptieren und anerkennen, dann schaffen wir eine solide Grundlage für persönliches Wachstum und Entwicklung. Wir öffnen uns für neue Möglichkeiten und Chancen. Wir lassen alte Glaubenssätze und Einschränkungen los und schaffen Raum für Neues. Und das ist es, was letztlich zu wahrer Sicherheit führt. Nicht die Anpassung an die Erwartungen anderer, nicht das Streben nach äußerer Anerkennung, sondern die Erkenntnis unseres wahren Selbst, die Annahme unserer eigenen Stärken und Schwächen, die Bereitschaft, wir selbst zu sein und unser volles Potenzial zu leben. Das ist die beste Sicherung für die Zukunft, die es gibt.

Doch um dorthin zu gelangen, um diesen Zustand der inneren Sicherheit und des Selbstbewusstseins zu erreichen, müssen wir bereit sein, uns auf eine Reise zu begeben. Eine Reise zu uns selbst, zu unserem wahren Sein.

Möglicherweise wird es schwierig und herausfordernd sein, vielleicht stellenweise überwältigend, aber auch unglaublich lohnend und erfüllend. Eine Reise, die uns letztendlich zu unserem eigenen Paradies auf Erden führen kann.

Dieser Weg, dieser Entdeckungsprozess, wird uns vielleicht stellenweise überwältigen, fordert uns heraus und verlangt uns einiges ab. Doch letztlich birgt er auch unglaubliche Chancen und Belohnungen.

Wir sind nicht allein

Wir sind nicht nur Körper, sondern Geist und Seele. Alles gehört zu uns, macht uns aus. Eines kann nicht ohne die anderen. Diese Dreieinigkeit in uns zu erkennen und anzuerkennen, öffnet neue Türen der Wahrnehmung:

Unser Geist hat die Fähigkeit zu denken, zu träumen, zu erschaffen.

Unsere Seele ist unser tiefstes Wesen, unsere Essenz, der Kern unseres Seins.

Und unser Körper ist das Vehikel, das uns erlaubt, in dieser Welt zu agieren und zu interagieren.

Es ist von immenser Bedeutung, diese Aspekte unserer Existenz in Einklang zu bringen, um unsere ganze Kraft in uns freizulegen. Jeder Teil von uns, Körper, Geist und Seele, spielt eine wichtige Rolle und muss genährt und gepflegt werden. Unser Körper braucht Bewegung und gesunde Ernährung, unser Geist braucht Freiheit, Herausforderungen und Stimulation und unsere Seele braucht Nahrung in Form von Liebe, Akzeptanz und Spiritualität.

Dieser Gleichklang ist nicht nur für unsere individuelle Entwicklung von Bedeutung, sondern auch für unsere Rolle in der Gesellschaft und der Welt. Denn wenn wir in Harmonie mit uns selbst sind, können wir auch in Harmonie mit anderen und der Natur um uns herum leben. Wir können einen positiven Einfluss auf unsere Umgebung haben und zu einem besseren, friedlicheren und harmonischeren Miteinander beitragen.

Unser wahres Potenzial zu entfalten bedeutet auch, Verantwortung für unser eigenes Leben zu übernehmen. Es geht nicht nur darum, was wir für uns selbst tun können, sondern auch darum, was wir für andere und für die Welt tun können. Indem wir unser Potenzial entfalten und uns selbst verwirklichen, können wir dazu beitragen, die Welt zu einem besseren Ort zu machen.

Unsere Zukunftssicherung ist nicht nur auf uns beschränkt, sondern sie hat auch Auswirkungen auf die Welt um uns herum. Indem wir uns selbst erkennen und unser volles Sein leben, tragen wir dazu bei, die Welt zu verändern. Und das ist es, was letztlich zu einer sicheren und lebenswerten Zukunft für alle führt.

Die Reise zu uns selbst, die Entdeckung unseres wahren Potenzials, ist also nicht nur eine individuelle, sondern auch eine gesellschaftliche Aufgabe. Es ist eine Aufgabe, die uns alle betrifft und die wir gemeinsam angehen können. Und es ist eine Aufgabe, die uns hoffnungsvoll in die Zukunft blicken lässt. Denn wenn wir alle unsere ganzen Geschenke, die in uns liegen, leben, dann ist alles möglich.

Wenn wir in uns investieren und wissen, wer wir sind, sind wir uns unserer Schöpferkraft bewusst und werden zum Schöpfer unserer eigenen Realität. Dann ist das Paradies hier auf Erden nicht nur ein Traum, sondern Realität.

© Wolfgang Zlodej

von links: Bettina Groetzki, Sabine Steinbeck

Sabine Steinbeck

Die Dipl.-Pädagogin bildete für ein internationales Gesundheitsunternehmen mehr als 1.000 Coaches aus und arbeitete für unterschiedliche Trainingsinstitute. Sie hilft Menschen dabei, ihre Stärken zu erkennen und richtig einzusetzen. Verbände und Unternehmen buchen sie für Keynotes. Bei der IHK Fulda unterstützt sie das Netzwerk #Diversity. Chancengleichheit ist ein wichtiges Anliegen für Sabine Steinbeck. Sie ist Mitgründerin von ERFOLG.REIF®.

Mitgliedschaften: GABAL e. V., Forum Werteorientierung in der Weiterbildung

Autorin: Sterne leben, Jeden Tag ein bisschen besser werden, GABAL Verlag 2021

Bettina Groetzki

Bettina Groetzki war rund 20 Jahre Managerin in einem internationalen Gesundheitskonzern und hat ein B2B-Business mit Millionenumsatz aufgebaut. Sie hat langjährige Erfahrung in Mitarbeiterführung und Coaching. Schwerpunkt ihrer Expertise ist neben der potenzialorientierten Persönlichkeitsentwicklung auch die Technik des Mindset Shift, um Blockaden im Kopf auszuschalten und neue Perspektiven aufzuzeigen.

Als betriebliche Gesundheitsmanagerin berät sie Unternehmen nach dem Credo „wer sich wohlfühlt, bleibt". Sie ist Mitgründerin von ERFOLG.REIF®.

Die beiden Gründerinnen sind Mitglied im BVMW und haben die Charta der Vielfalt unterschrieben

www.erfolgreif.de

Die Zukunft ist: weiblich und häufig in der zweiten Lebenshälfte!

Laut einer Umfrage der DIHK[1] wird der Fachkräftemangel zu einem immer drängenderen Problem der deutschen Wirtschaft: Durchgängig allen Branchen fehlen Fach- und Arbeitskräfte. Fehlende Mitarbeiter*innen belasten nicht nur die Betriebe und wirken sich negativ auf die Wirtschaft aus, sondern verlangsamen auch wichtige Zukunftsaufgaben wie Digitalisierung und Klimaschutz.

Auf der Suche nach Lösungen wird vielerorts darüber gesprochen, dass die Ausweitung der Berufstätigkeit von Frauen die Lösung sein könnte. Auch die Bundesregierung sieht großes wirtschaftliches Potenzial in einer höheren Erwerbstätigkeit von Frauen. „Das Bundeswirtschaftsministerium spricht sogar vom ‚größten Beschäftigungspotenzial zur Fachkräftesicherung' im Inland. Und das Beratungsunternehmen Prognos rechnet im Auftrag des Bundesfamilienministeriums vor: Würden 2,5 Millionen derzeit in Teilzeit erwerbstätige Mütter ihre Wochenarbeitszeit um jeweils nur eine Stunde erhöhen, dann entspräche das rund 70.000 Vollzeit-Stellen."[2]

Elke Hannack, stellvertretende Vorsitzende des DGB, fordert die Unternehmen auf, insbesondere den Männern die Teilzeitarbeit zu ermöglichen, damit Frauen ihr Arbeitsvolumen erhöhen können.[3] Wohingegen Sebastian Dettmers, CEO StepStone, sagt: „Angesichts drastischer Personalknappheit und stagnierender Produktivität ist es mit einer Umverteilung nicht getan. Wir müssen sämtliche Arbeitsmarktpotenziale nutzen; zumindest, solange die Automatisierung der Wirtschaft nur langsam voranschreitet."[4]

Glauben wir den Prognosen, dass eine höhere Erwerbstätigkeit von Frauen ein echter Hebel ist, um dem Fach- und Arbeitskräftemangel

---

[1] https://www.dihk.de/de/themen-und-positionen/fachkraefte/beschaeftigung/trotz-schwieriger-wirtschaftslage-fachkraefteengpaesse-nehmen-zu-89118 vom 12.01.2023

[2] https://www.tagesschau.de/wirtschaft/erwerbstaetigkeit-frauen-103.htm

[3] https://www.tagesschau.de/wirtschaft/teilzeit-jobs-maenner-arbeitsmarkt-100.html

[4] https://www.msn.com/de-de/finanzen/top-stories/wir-m%C3%BCssen-die-frauen-aus-der-teilzeit-falle-holen/ar-AA1bY8Ge

entgegenzuwirken, müssen wir ja „nur" noch Wege finden, die Frauen aus der Teilzeitarbeit herauszuholen und/oder zum Wiedereinstieg zu motivieren. Daniel Eckert, Finanzredakteur WELT online, beschreibt im November 2019, dass die Teilzeitquote bei Frauen trotz des deutlichen Ausbaus von Kindertagesstätten angestiegen ist. Seiner Meinung nach „offenbart sich das Dilemma" ab dem 35. Lebensjahr. Das geht aus einer Studie des Deutschen Instituts für Wirtschaftsforschung (DIW) hervor: „Die größte Zunahme der Teilzeit findet bei Arbeitnehmerinnen zwischen dem dritten und vierten Lebensjahrzehnt statt. [...] Bei den 40- bis 44-Jährigen erreicht sie den höchsten Wert: Dann sind 44 Prozent der Frauen teilzeitbeschäftigt, aber nur sechs Prozent der Männer [...]", heißt es in der Studie.[5]

Ein Grund dafür ist sicher die Tatsache, dass Care-Arbeit auch heute noch überwiegend von Frauen übernommen wird. Gleichzeitig müsste sich die Situation aber spätestens dann ändern, wenn die Kinder aus dem Haus sind, doch genau das tut es nicht. Wir glauben, dass sich Frauen, insbesondere in der zweiten Lebenshälfte, nicht mehr gesehen und nicht richtig angesprochen fühlen. Das beginnt bereits bei den Stellenanzeigen. Auch hierzu gibt es eine interessante Untersuchung der StepStone Group: „Im ersten Quartal 2023 wurden 11 Millionen Stellenbeschreibungen in Deutschland gesichtet. Über 90 Prozent davon enthielten geschlechtsspezifische, meist männlich behaftete Formulierungen. Das Problem: Frauen fühlen sich von männlich geprägter Sprache weniger angesprochen, einige schrecken sogar davor zurück. Die Folge: Sie werden sich auf eine männlich kodierte Stellenanzeige vielleicht nicht bewerben, selbst wenn der Job zu ihnen passen würde. Den Unternehmen entgeht dadurch also – meist unbewusst – wertvolles Potenzial auf dem Arbeitsmarkt."[6]

Was können Unternehmen tun, um dieses Potenzial zu heben? Diese Frage beantworten wir in den folgenden Kapiteln.

---

[5] https://www.welt.de/wirtschaft/karriere/article203451086/Arbeit-Teilzeitquote-steigt-sogar-bei-Frauen-mit-hohem-Bildungsstand.html

[6] https://www.stepstone.de/e-recruiting/blog/neue-eu-richtlinien-fur-geschlechtsneutrale-stellenanzeigen/

Schon beim Recruiting einen guten Job machen

So kann es aussehen, wenn Arbeitgeber sich bereits beim Recruiting Mühe geben:

„Als Lara Marszalek zum Ende ihrer Elternzeit eine neue Stelle suchte, sprang ihr eine Anzeige ganz besonders ins Auge. ‚In der Ausschreibung stand explizit drin, dass auch Bewerbungen aus der Elternzeit heraus erwünscht sind‘, erzählt sie. Die Stellenanzeige kam von einem IT-Unternehmen. Mit IT habe sie bis dahin zwar nichts am Hut gehabt; die Formulierung in der Anzeige habe sie aber dazu bewegt, sich dennoch zu bewerben. Mittlerweile arbeitet Lara Marszalek seit drei Jahren als Marketing-Managerin bei diesem Unternehmen – zwar noch in Teilzeit, aber immerhin mit 28 Stunden pro Woche.“[7]

IT ist ein gutes Stichwort, wenn es um weibliche Arbeitskräfte geht. Häufig hören wir von Unternehmen, die dem sogenannten MINT-Bereich zugeordnet werden: „Wir würden ja gerne mehr Frauen einstellen, aber die bewerben sich gar nicht erst bei uns.“ Ja klar, weil das Umdenken schon viel früher, spätestens in der Schulzeit, stattfinden muss. Tradierte Vorstellungen von klassischen Frauen- oder Männerberufen müssen neu gedacht werden. Und das kann dauern. Die gute Nachricht ist, dass das Umdenken schon erste Früchte trägt. Laut einer Datenerhebung des Kompetenzzentrums Technik-Diversity-Chancengleichheit e. V., veröffentlicht 2023, steigt der Anteil der weiblichen Studentinnen in den MINT-Studiengängen beständig an. Im Jahr 2020 lag er immerhin schon bei 31,7 Prozent, während er 1975 noch unter 20 Prozent lag.[8]

So spiegelt es sich auch in unserer persönlichen Umgebung wider. Wir haben unsere Büroräume an einem Start-up-Campus, und hier ist ebenfalls ein junges IT-Unternehmen beherbergt. Der Frauenanteil liegt auch in diesem Unternehmen bei 30 Prozent.

Aber nicht nur eine einseitig geschlechterkodierte Sprache hält Menschen davon ab, sich auf offene Stellen zu bewerben.

---

[7] https://www.tagesschau.de/wirtschaft/erwerbstaetigkeit-frauen-103.html

[8] https://www.komm-mach-mint.de/service/datentool

Fach- und Arbeitskräfte aus der „stillen Reserve" locken

Trotz Fach- und Arbeitskräftemangel machen viele Ältere die Erfahrung, dass sie bei Bewerbungen gar nicht erst berücksichtigt werden. So entscheiden vielfach schon Personalverantwortliche und entsprechende Algorithmen, welche Bewerber*innen bereits ausgefiltert werden, bevor sie überhaupt die Chance bekommen, sich vorzustellen.

Automatisierte Standardabsagen sind da genauso an der Tagesordnung wie gar keine Rückmeldung.

Kurze Restlaufzeit? Umdenken!

Gut ausgebildete Mitarbeiter*innen mit großem Erfahrungsschatz werden nicht wahrgenommen. In den Köpfen vieler Personaler*innen und Arbeitgeber*innen gehören Menschen über 50 schon zum „alten Eisen". Dabei finden sich hier sehr häufig gut ausgebildete qualifizierte Bewerber*innen mit einem wertvollen Erfahrungsschatz.

Bewerbende von sagen wir 55 Jahren haben noch mehr als zehn Jahre bis zur Rente vor sich. Wenn die Rahmenbedingungen stimmen, ist die Wahrscheinlichkeit sehr hoch, dass diese Mitarbeiter*innen auch bis zum Renteneintritt in dem Unternehmen bleiben. Und noch ein Vorteil für Unternehmen: In diesem Alter wollen die wenigsten ihren nächsten Karrieresprung machen und suchen daher auch nicht permanent nach einer solchen Gelegenheit.

„Zu alt. Stempel darauf. Schublade auf. Abgelehnt. Fertig ist der Fall." Dieses Zitat stammt aus einem LinkedIn-Post, Anfang März 2023. Hintergrund für diesen Post ist eine Bewerberin, die sich zwei Jahre vor ihrem Rentenalter bei einem Arbeitgeber nicht klassisch schriftlich, sondern direkt persönlich vorgestellt hat, weil sie es nicht mehr hinnehmen wollte, permanent standardisierte Absagen zu erhalten. Kleine Anmerkung: Dieser Fall spielt in Österreich, und da liegt das derzeitige Renteneintrittsalter für Frauen bei 60 Jahren. D. h. diese Bewerberin war gerade einmal 58 Jahre alt. Dieser LinkedIn-Post wurde mehr als 12.000-mal aufgerufen und erhielt über 10.000 Kommentare, die Hoffnung machen, dass ein Umdenken bzgl. älterer Mitarbeiter*innen stattfindet.

Doch so richtig überzeugt sind wir noch nicht. Denn in einem von uns geleiteten Workshop zum Thema „Unconscious Bias/Schubladendenken" mit zahlreichen Unternehmer*innen mussten wir uns anhören, dass sich einer der Teilnehmenden damit brüstete, erst kürzlich einen Mitarbeiter mit einer „kurzen Restlaufzeit" eingestellt zu haben. Auf Nachfrage erfuhren wir, dass dieser Mitarbeiter „schon 62 Jahre alt ist – also nur noch 5 Jahre bis zum Renteneintrittsalter hat". Echt jetzt? Solange wir noch so denken, sollten wir nicht darüber jammern, dass offene Stellen unbesetzt bleiben.

Der größte Arbeitgeber in der Gastronomie in Deutschland hat sein Recruiting den veränderten Situationen bereits angepasst. Hier lautet der Slogan in der Radiowerbung: „Egal ob du 17 oder 77 bist, bei McDonald's finden alle den richtigen Job. Arbeite, wie es dir gefällt."

Bei so einer direkten Ansprache werden sich auch Menschen bewerben, die sich bei anderen Unternehmen vielleicht gar nicht mehr bewerben oder aufgrund ihres Alters durchs Raster fallen.

Vorhandene Potenziale voll ausschöpfen

Ein weiterer Schatz, der gehoben werden kann, sind die ungenutzten Potenziale im eigenen Unternehmen. Wir haben bereits beschrieben, dass viele Frauen auch in der zweiten Lebenshälfte noch in der Teilzeitfalle stecken und häufig keinen Grund sehen, diese Situation zu verändern. Denn sie fühlen sich in ihrem Job nicht mehr wirklich gesehen. Förderung und Weiterbildung? Bekommen in erster Linie die Young Talents. Spannende Projekte? Gehen überwiegend an die jüngeren Teammitglieder.

Das führt dazu, dass viele Frauen irgendwann nur noch Dienst nach Vorschrift machen und nicht mehr ihre volle Leistung bringen. Unserer Erfahrung nach machen sich insbesondere Frauen darüber Gedanken, wie sie ihre zweite Lebenshälfte erfüllend gestalten können, auch beruflich. Viele haben in der Erziehungszeit zurückgesteckt und wollen jetzt wieder durchstarten. Dabei haben sich die eigenen Werte und die Ansprüche an den Job möglicherweise verändert. Wenn Unternehmen und ihre Führungskräfte das (an)erkennen und dem Rechnung tragen, können sie viel tun, um die Arbeitspotenziale ihrer erfahrenen Mitarbeiterinnen voll auszuschöpfen.

Über 50-Jährige haben andere Ansprüche und Wünsche an ihren Job. Auch dazu hat StepStone Im Herbst 2020 zwei großangelegte Online Befragungen unter 28.000 Fach- und Führungskräften in Deutschland durchgeführt. In den Befragungen ging es darum, herauszufinden, welche Benefits sich die Mitarbeitenden wirklich wünschen. Das Ergebnis zeigt, dass sich das je nach Alter verändert: „Generationsübergreifend sind die drei wichtigsten Faktoren neben Gehalt und Jobsicherheit bei der Entscheidung für einen neuen Job eine hohe Work-Life-Balance und Familienfreundlichkeit sowie flexible Arbeitszeiten und flexibles Arbeiten (z. B. Home-Office)." „Für die Gruppe der über 50-Jährigen ist die Sinnhaftigkeit der Arbeit der wichtigste Faktor bei der Entscheidung für einen neuen Job."[9]

Konkret wurden bei den über 50-Jährigen folgende Wünsche/Anforderungen an einen Arbeitsplatz ermittelt:

1. Sinnhafte Tätigkeit
2. Flexible Arbeitszeiten
3. Spannende Aufgaben
4. Passende Unternehmenskultur

Wir sind davon überzeugt, dass das nicht nur gilt, wenn sich jemand auf den Weg macht, um sich einen neuen Arbeitsplatz zu suchen, sondern dass es auch die Entscheidung dafür ist, ob jemand bei seinem jetzigen Arbeitgeber bleibt und vielleicht sogar noch bereit ist, die Stundenzahl aufzustocken.

Vielfalt als Schlüssel zum Erfolg sehen

Die Vielfalt in einer Belegschaft wird laut McKinsey mehr und mehr zum Erfolgsfaktor für Unternehmen.[10] Frauen, und insbesondere Frauen in der zweiten Lebenshälfte, bringen aufgrund ihrer Lebens- und Berufserfahrung andere Perspektiven und Denkweisen ein, die zu neuen Ideen und Lösungsansätzen führen können. Sie tragen zu einer inklusiven Unternehmenskultur bei, in der die unterschiedlichen Bedürfnisse aller Mitarbei-

---

[9] https://www.stepstone.de/e-recruiting/blog/benefits-das-wunschen-sich-mitarbeitende/

[10] Diversity Wins – How Inclusion Matters", McKinsey 2022.

tenden gesehen werden und in der sich diese Vielfalt auch in den Entscheidungsprozessen niederschlägt.

Erfahrene Mitarbeiterinnen bringen eine Menge an wertvollem Knowhow mit. Sie haben ein profundes Verständnis für ihre Aufgaben und Verantwortungen. Dadurch meistern sie Herausforderungen oft gelassener und sind weniger fehleranfällig in Stresssituationen. Sie bereichern das Unternehmen durch ihre Kompetenzen und (Lebens-)Erfahrung. Der McKinsey Studie zufolge sind gemischte Führungsteams in der heutigen Arbeitswelt entscheidend, um gerade in Krisenzeiten zu bestehen und die Herausforderungen besser zu bewältigen.

Erfahrene Mitarbeiter*innen sind oft loyaler und weniger anfällig für Jobwechsel. Mit ihrer längeren Betriebszugehörigkeit können sie als Vorbilder für andere Beschäftigte einen wertvollen Beitrag zu einem inklusiven und unterstützenden Arbeitsumfeld leisten.

Eine starke und glaubwürdige Arbeitgebermarke wird es auf dem hart umkämpften Arbeitnehmermarkt einfacher haben, Fach- und Arbeitskräfte zu rekrutieren. Laut einer Studie von Ernst&Young wollen 38 Prozent aller Mitarbeitenden in Deutschland im kommenden Jahr den Job wechseln.[11]

Werden Sie Ihren Arbeitgeber in den nächsten 12 Monaten wechseln?

Quelle: EY „Work Reimagined", 2022

Erschwerend kommt hinzu, dass gerade einmal 48 Prozent der deutschen Beschäftigten ihrem Arbeitgeber das Vertrauen aussprechen.

---

[11] Studie „Work Reimagined", Ernst&Young 2022.

Vertrauen

Quelle: EY „Work Reimagined", 2022

Vertrauen ist die wichtigste Währung im Arbeitsleben und die Grundlage für ein nachhaltiges, von beidseitiger Zufriedenheit geprägtes Arbeitsverhältnis.

Das Stoppschild im Kopf entfernen

All die guten Gründe, die wir in diesem Beitrag angeführt haben, leuchten vielen Unternehmen ein. Warum also wird das Potenzial dieser Zielgruppe (noch) nicht in vollem Umfang ausgeschöpft? Warum sind Altersdiskriminierung, falsche Vorstellungen von älteren Arbeitnehmer*innen, fehlende Förderung und die Nichtbeachtung von Stärken und Erfahrungen noch immer weit verbreitet?

Was können Unternehmen tun?

Unser 7-Punkte-Plan:

1. Denken Sie um!
2. Suchen Sie bereits beim Recruiting bewusst nach erfahrenen Bewerberinnen und holen Sie sich dadurch viel Erfahrung und Loyalität ins Unternehmen.
3. Suchen Sie proaktiv nach verborgenen Potenzialen in den Reihen Ihrer erfahrenen Mitarbeiterinnen!
4. Schenken Sie Ihren erfahrenen Mitarbeiterinnen die Wertschätzung, die sie verdienen!

5. Fördern Sie Ihre erfahrenen Mitarbeiterinnen entsprechend ihrer individuellen Stärken!
6. Fordern Sie Ihre erfahrenen Mitarbeiterinnen, statt sie mit Routineaufgaben zum Dienst nach Vorschrift zu treiben!
7. Initiieren Sie Mentoringprogramme und profitieren Sie von Synergien zwischen jungen und erfahrenen Mitarbeiterinnen!

Wir haben in unserem 7-Punkte-Plan bewusst ausschließlich die weibliche Form gewählt, weil wir davon überzeugt sind, dass die Zukunft der Unternehmen gesichert werden kann, wenn die Bedürfnisse der Frauen schon beim Recruiting mehr im Fokus stehen.

Zufriedene Mitarbeiter*innen sind die beste Visitenkarte und ein Garant für die Zukunftssicherung eines Unternehmens.

Wir von Erfolg.Reif® bieten Unternehmen ein dreimonatiges Mentoringprogramm im Rahmen des Onboardings oder zur Weiterentwicklung von erfahrenen Mitarbeiterinnen. Denn Fachkräftemangel ist häufig hausgemacht. Good News: **Unternehmen sind das Problem, und Unternehmen sind die Lösung!**

© Susanne Teister

Susanne Teister

Als Wegbegleiterin hat sie zahlreiche Frauen, aber auch Männer und Kinder auf ihrem Weg zu mehr Selbstbewusstsein, Selbstbestimmung und Erfüllung begleitet. Leidenschaftlich gibt sie damit eine beeindruckende Antwort auf den Speed unserer Zeit.

Susanne Teister verfügt über ein breites Spektrum an Lebens-Erfahrungen und Kompetenzen, die sie dazu befähigen, Frauen in verschiedenen Lebensbereichen zu unterstützen. Mit ihrer einfühlsamen Art schafft sie einen vertrauensvollen Raum, in dem Frauen ihre eigenen Stärken erkennen und entwickeln können. Sie hilft dabei, innere Blockaden zu überwinden und den Glauben an sich selbst wiederzugewinnen. Ihre besondere Fokussierung auf die Stärkung der weiblichen Souveränität ermutigt Frauen, ihre eigene Stimme zu finden und für ihre Bedürfnisse einzutreten. Sie unterstützt sie dabei, sich selbst treu zu bleiben und ihre persönliche Macht zu nutzen, um Veränderungen herbeizuführen und ihr volles Potenzial auszuschöpfen.

Ein abgeschlossenes pädagogisches Hochschulstudium, kontinuierliche Weiterbildungen sowie das Selbststudium von vielen Büchern zu den Themen der Persönlichkeitsentwicklung bilden die Grundlage ihrer Expertise.

www.susanne-teister.de

Meine drei Werkzeuge zur Zukunftssicherung

„Es war einmal eine kleine Stadt namens Prudentia, die für ihre klugen und weitsichtigen Bewohner bekannt war. Die Menschen von Prudentia hatten den Wert der Zukunftssicherung erkannt und betrachteten sie als einen wichtigen Teil ihres Lebens.
Doch das war nicht immer so gewesen.

Anfangs war Prudentia eine Stadt wie alle anderen auch. Jeder war sich selbst der Nächste, und jeder versuchte, auf die Schnelle so viel Profit wie möglich zu machen, ohne dabei auf Nachhaltigkeit oder Fairness zu achten.

In dieser Stadt lebte ein Mann namens Adrianus, ein weiser Philosoph, der sein ganzes Leben der Erforschung und dem Verständnis der Zukunftssicherung gewidmet hatte. Er war überzeugt davon, dass eine sichere Zukunft nur dann gewährleistet werden konnte, wenn die Menschen in Harmonie mit ihrer Umwelt und ihren Mitmenschen lebten.

Eines Tages konnte er dem Treiben nicht länger zusehen und rief die Bewohner von Prudentia auf dem Marktplatz zusammen. Als alle versammelt waren, stieg Adrianus auf eine kleine erhöhte Plattform und begann zu sprechen.

„Meine lieben Mitbürger", begann Adrianus mit ruhiger Stimme, „die Zukunftssicherung ist von großer Bedeutung für uns alle. Sie erfordert Weitsicht, Verantwortung und den Willen, über unser gegenwärtiges Handeln hinauszudenken." Er erklärte den Menschen, dass die Zukunftssicherung nicht nur persönliche Vorteile brachte, sondern auch eine Verpflichtung gegenüber kommenden Generationen war. „Indem wir unsere natürlichen Ressourcen schützen, nachhaltig wirtschaften und auf den Erhalt der Umwelt achten, können wir eine lebenswerte Zukunft für uns und unsere Nachkommen schaffen", fügte er hinzu. Adrianus sprach auch über die Bedeutung von Bildung und Wissensaustausch. „Die Sicherung der Zukunft erfordert eine kontinuierliche Weiterentwicklung unseres Wissens. Indem wir Bildung fördern und Informationen teilen, können wir die Grundlage für Fortschritt und Innovation schaffen."

Die Bewohner von Prudentia lauschten aufmerksam den Worten des Philosophen und begannen, über ihre eigenen Handlungen und Entscheidungen nachzudenken. Sie erkannten, dass jeder Einzelne einen Beitrag zur Zukunftssicherung leisten konnte, sei es durch den sparsamen Umgang mit Ressourcen, die Förderung erneuerbarer Energien oder den Respekt vor anderen Menschen und Kulturen.

In den folgenden Jahren wurde die Stadt Prudentia zu einem Vorbild für andere Gemeinschaften. Die Bewohner engagierten sich aktiv für Umweltschutzprojekte, entwickelten nachhaltige landwirtschaftliche Methoden und förderten den Austausch von Wissen und Ideen.

Adrianus war stolz auf das Erreichte, aber er wusste auch, dass die Zukunftssicherung eine fortlaufende Aufgabe war. Er betonte immer wieder, dass es wichtig sei, sich nicht auf dem erreichten Fortschritt auszuruhen, sondern weiterhin neue Wege zu suchen, um die Zukunft zu gestalten.

Die Geschichte von Prudentia und Adrianus erinnert uns daran, dass die Zukunftssicherung kein abstraktes Konzept ist, sondern eine Verantwortung, die jeder von uns trägt. Es liegt in unserer Hand, die Weichen für eine nachhaltige und gerechte Zukunft zu stellen, indem wir auf die Bedürfnisse kommender Generationen achten und Weitsicht in unsere Entscheidungen einfließen lassen. Möge die Geschichte von Prudentia uns inspirieren, die Herausforderungen der Zukunft anzunehmen und eine bessere Welt für uns alle zu schaffen."

Diese kleine Einleitungsgeschichte zum Thema hat eine KI = künstliche Intelligenz geschrieben. ChatGPT erzeugte diesen Text innerhalb weniger Minuten fehlerfrei.

Und somit sind wir mittendrin in einer Zukunft, die gestern noch nicht vorstellbar war.

Heißt das jetzt, dass unsere Kinder nicht mehr lesen und schreiben lernen müssen? Heißt das jetzt, das wir alle unsere Jobs verlieren? Was heißt „Künstliche Intelligenz" eigentlich? Was wird sie mit uns „machen"? Wie wird sie unsere Gegenwart, unser Zusammenleben verändern? Das ist nur einer von vielen Fragenkomplexen, wenn wir uns mit Veränderungen und Entwicklungen auseinandersetzen und über unsere Zukunft und die Sicherheit nachdenken. Faszination, Begehrlichkeiten, Warnungen, Unsicherheiten, neue Möglichkeiten, Ängste und Abenteuerlust prägen solche

Veränderungsprozesse und werden in Talkrunden in den Medien zum Teil hitzig diskutiert.

Die KI hat übrigens ein kluges Synonym verwendet: „Prudentia". Prudentia kommt aus dem Lateinischen und bedeutet dort „Klugheit" oder aus dem Griechischen und bedeutet dort „Vernunft". Gemeint ist die Fähigkeit zu angemessenem Handeln im konkreten Einzelfall unter Berücksichtigung aller für die Situation relevanten Faktoren, Handlungsziele und Einsichten, die der Handelnde kennen kann.

Allerdings hat es die KI hier nicht geschafft, die Seiten zum Thema zu beleuchten und in den entsprechenden Kontext zu setzen, den ich aus meiner Lebenserfahrung heraus gerne setzen möchte. Das muss und will ich schon noch selbst tun.

„Was gehört für Dich zur Zukunftssicherung?"

Schließe kurz die Augen und denke darüber nach, was Dir selbst dazu einfällt.

Unterhältst Du Dich regelmäßig mit Deinem Partner, in Deiner Familie, mit Freunden und Kollegen darüber? Bekommst Du im Job regelmäßig Informationen zu den Weiterentwicklungen des Marktes und die Einordnung zur Sicherheit Eurer Arbeitsplätze? Welche Begriffe gehören für Dich zu diesem Themenkreis?

Du hast das Gefühl, das wird eine lange Liste? Damit bist Du nicht allein.

Der GABAL e.V. wollte in seiner Mentimeter-Umfrage wissen: „Was gehört für dich zur Zukunftssicherung?" Das Ergebnis findest in der Wolke in Abbildung 1: 75 gesammelte Begriffe, die von „Akzeptanz" und „Ausbildungsplätzen" bis zu „Zielbeschreibung" reichen. „Mentale Gesundheit" ist genauso vertreten wie „Finanzen". Bei dieser Frage denken Menschen an persönliche Qualifikation und Verantwortung, aber auch an Stabilität und Netzwerk. Am häufigsten genannt wurden die Begriffe „Frieden", „Gesundheit" und „eine Welt". Du findest alle Begriffe auf: https://www.gabal.de/top-thema/gabal-jahresthema-2023-zukunftssicherung/

An dieser Begriffe-Sammlung kann man gut erkennen, wie vielschichtig „Zukunftssicherung" doch ist. Es gibt viele Themen, die damit in Zusammenhang stehen. Die Mentimeter-Wolke zeigt sehr deutlich, dass es sich bei Weitem nicht immer nur um das Thema Geld und Existenz dreht, wie man vielleicht vermuten könnte. Es geht auch um Veränderungen, Planung, Abschätzung, Entwicklung. Im Zeitalter der Krisen, die sich in schneller Geschwindigkeit sozusagen „die Türklinke in die Hand geben", werden jedoch auch Gefühle genannt: Ängste, Unsicherheit, Mut, Wut, Freude, Intention, aber auch um Resilienz und mentale Gesundheit. Außerdem haben wir alle unsere ererbte Vielfalt, die uns nur zum Teil bewusst ist und die uns unbewusst doch sehr beeinflusst. Wie also mit all dieser Fülle umgehen, ohne im Chaos zu versinken?

„Kann ich meine Zukunft eigentlich selbst sichern?"

Um es vorwegzunehmen: Ja, kannst Du. Das wird sogar erforscht in der neuen Studienrichtung „Zukunftsforschung", und die Vorgehensweisen und einige Methoden, wie ein Mensch selbst seine Zukunft beeinflussen und auch sichern kann, wurden sogar inzwischen wissenschaftlich bewiesen. Ich habe das selbst erlebt und möchte hier von den wichtigsten Zusammenhängen und Methoden berichten, die mir geholfen haben, mein Leben „zu drehen", die x-Achse in meinem Koordinatensystem anzuheben und der Linie meines Lebens eine aufstrebende Richtung zu geben. Die x-Achse anheben – da wird doch das ganze System erschüttert! Ja, das wird es, und es ist weder einfach noch geht es schnell. Aber es ist möglich, und es macht ab einem bestimmten Punkt sogar richtig Spaß, fasziniert und lässt Dich Wunder erleben. Versprochen. Doch der Reihe nach.

Wer bestimmt eigentlich unsere Zukunft?

Darauf gibt es eine kurze, klare Antwort: Der Mensch bestimmt die Zukunft der Welt selbst.

Diese Antwort kommt inzwischen wissenschaftlich begründet aus dem neuen Wissenschaftszweig der Zukunftsforschung. Sven Gabor Janszky, ein bekannter deutscher Zukunftsforscher und Experte für digitale Transformation und Innovation, gibt diese Antwort in seinen Büchern, Vorträgen und Kursen. Er ist Gründer und Vorsitzender des 2b AHEAD-Instituts. Dieses Institut ist ein sogenannter Think Tank. Sein Institut ist eines der größten Think Tanks für Zukunftsforschung in Europa.

Ein „Think Tank" ist eine Organisation oder ein Institut, das sich darauf spezialisiert hat, Forschung, Analyse und Beratung zu spezifischen Themen oder Politikbereichen durchzuführen. Think Tanks bringen Experten aus verschiedenen Disziplinen wie Politikwissenschaft, Wirtschaft, Soziologie und anderen Fachgebieten zusammen, um Lösungen für komplexe gesellschaftliche, politische oder wirtschaftliche Fragen zu erarbeiten.

Think Tanks können unabhängig sein oder auch mit Regierungen, Unternehmen oder anderen Organisationen zusammenarbeiten. Sie agieren oft außerhalb des traditionellen politischen Systems und haben in der Regel das Ziel, politische Entscheidungsträger, die Öffentlichkeit und andere Interessengruppen durch Forschungsberichte, Policy-Briefings, Veranstaltungen und Diskussionen zu informieren.

Die Themen, mit denen sich Think Tanks befassen, sind vielfältig und reichen von internationalen Beziehungen, Sicherheit, Umwelt, Wirtschafts-

und Sozialpolitik bis hin zu technologischen Entwicklungen, Bildung und Gesundheitswesen. Die Ergebnisse ihrer Forschung sollen zur Entwicklung evidenzbasierter Politikvorschläge beitragen und den Entscheidungsprozess in Regierungen und anderen Institutionen unterstützen.

Think Tanks spielen eine wichtige Rolle in politischen Debatten und beeinflussen oft politische Entscheidungen und die **öffentliche Meinungsbildung. Ihre Expertise und ihre Verbindungen zu verschiedenen Interessengruppen machen sie zu wichtigen Akteuren im politischen Diskurs.**

Sven Gabor Janszky ist ein gefragter Redner und Berater für Unternehmen, die sich auf die Zukunft vorbereiten wollen. Er arbeitet eng mit Unternehmen aus verschiedenen Branchen zusammen, um ihnen bei der Identifizierung von Chancen und Herausforderungen in einer zunehmend digitalen Welt zu helfen. Er unterstützt bei der Entwicklung von Strategien zur Anpassung an neue Technologien und zur Gestaltung zukünftiger Geschäftsmodelle.

Ich habe sein Buch „2030" gelesen und mehrere Webinare von ihm erlebt und war überrascht zu entdecken, dass er sagt und auch begründet, die Zukunft sei menschengemacht. Er beschreibt, dass er in regelmäßigen Abständen als Journalist „ausgewählte Größen dieser Welt" befragt, in welche Projekte sie ihr Kapital investieren. Diese Investitionen bestimmen seiner Meinung nach die Zukunft unserer Welt. Eine entsprechende fiktive Geschichte, wie die Situation aussehen könnte, wenn die Projekte realisiert wurden, und mehrere Rubriken, wie den Arbeitsmarkt oder die Gesundheit, findet man in seinen Büchern. Interessant dabei ist, dass man in seinem Buch „2020 – So leben wir in der Zukunft" seine Voraussagen ja inzwischen prüfen kann. Das finde ich viel spannender als Zeitung zu lesen, da die Perspektive viel weiter geht.

Und noch etwas finde ich spannend: Janszky bringt mit den Kursen seines Instituts auch Privatpersonen oder Einzelunternehmern bei, ihre eigenen zehn „Zukunfts-Ichs" nach wissenschaftlichen Methoden zu entwickeln und eines davon auszuwählen, das sie dann in die Praxis umsetzen. Dabei unterstützt er sie und investiert auch mitunter in ihre Projekte. Sein Buch „2030" hat mir Mut gemacht und mich fasziniert.

Sven Gabor Janszky zeigt damit, dass ein Mensch, der sich seine Wahlmöglichkeiten bewusst macht und den Mut hat, Entscheidungen zu

treffen, seine Zukunft in gewisser Weise selbst bestimmt. Er legt mit
seinen Büchern sogar den Beweis dafür vor.

Warum haben so viele Menschen das Bedürfnis, ihre Zukunft abzusichern?

Bei Menschen, die in Kriegsgebieten und Entwicklungsländern leben
und die unter Hungersnöten leiden, erklärt sich das von selbst. Ein inte-
ressantes Phänomen ist aber, dass auch in reichen Ländern, den Indus-
trieländern, viele Menschen über ihre Zukunftssicherung nachdenken.
Viele Menschen leiden so sehr unter Zukunftsangst, dass sie sogar
krank werden und sich in ärztliche Behandlung begeben **müssen**. Andere
nehmen Beratungsleistungen und Coachings in Anspruch. Der Markt
dafür ist inzwischen jährlich mehrere Milliarden schwer.

Lassen wir dazu Zahlen sprechen. Das Bundesamt für Statistik weist für
Deutschland viele Millionen Euro Kosten und eine steigende Tendenz aus
für Krankheiten, wie

- Depressionen
- neurotische Belastungs- und somatoforme Störungen
- phobische und andere Angststörungen
- Schlafstörungen
- Krankheiten des Kreislaufsystems

Sie finden die aktuellen Zahlen unter: www.destatis.de/DE/Themen/
Gesellschaft-Umwelt/Gesundheit/Krankheitskosten;

Suchworte: Krankheiten, Krankheitskosten, Herz-Kreislauferkran-
kungen

Termine bei ambulant arbeitenden Psychotherapeuten und Psychologen
sind schwer zu bekommen. Monatelange Wartezeiten müsse eingeplant
werden. Diese wenigen Informationen zeigen schon, dass dieses Thema
in der Gesellschaft inzwischen ernst genommen wird und eine volkswirt-
schaftliche Größe erreicht hat.

Als ich mich das erste Mal mit dem Begriff „Zukunftssicherung" für
diesen Buchbeitrag auseinandersetzte, erinnerte ich mich zuerst an meine
Kindheit und meine Eltern. Mehr als jedes andere Wort ruft das Wort
„Zukunftssicherung" in mir Erinnerungen und Gefühle wach, die in

meiner frühesten Kindheit geprägt wurden: Erinnerungen an die Existenzangst, den Mangel und den Streit meiner Eltern um Geld. Als ich älter wurde, hatte ich die gleichen Auseinandersetzungen mit meinem Ex-Mann, bis ich mich von ihm trennte. Ich erinnere mich an die Erlebnisse mit einem hochintelligenten, hochsensiblen guten Freund, der sich zunächst nach dem Tod beider Eltern in jungen Jahren vom Fliesenleger zum Unternehmensberater entwickelte und dann in die Sozialhilfe abrutschte und Drogen „brauchte", um zu überleben. Das Wort „Zukunftssicherung" weckt in mir die Erinnerung an zwei Kollegen, die den Freitod wählten, als unser Arbeitgeber mehr als die Hälfte der Arbeitskräfte freisetzte. Ich erinnere mich an Zeiten, in denen ich zwar keine Kündigung erhielt, aber mein Gehalt nicht ausgezahlt wurde, weil es meinem Arbeitgeber finanziell schlecht ging. Damals nahm ich vier Briefumschläge und steckte in jeden 50,00 Euro. Jeder Briefumschlag musste für die Ausgaben einer ganzen Woche genügen – und das als Alleinerziehende mit zwei schulpflichtigen Kindern. Ich kenne einige Menschen, die viele Jahre selbstständig waren und deren Rente nicht einmal reicht, um die Miete einer Wohnung zu bezahlen. „Existenzangst" ist hier meine Assoziation.

Muss ich also meine Zukunft sichern aus den Ängsten der Vergangenheit heraus? Klares Ja.

Zukunftssicherung bedeutet für mich, Bücher zu lesen und Seminare zu besuchen.

Auch ich erlebte solche Phasen der Existenzangst in meinem Leben. „Doch für Bücher und Filme hat es immer gereicht" – das ist einer meiner „geflügelten Sätze". Wie ich trotz aller Hindernisse und Unwegsamkeiten glücklich werden konnte, habe ich schon im GABAL e.V. Sammelband „Glück" berichtet. (Glück: Impulse für persönliche Wege zum Glücklichsein und Glücklichwerden, 2022). Glücklich wurde ich durch Entscheidungen, eine aktive Arbeit an meiner Persönlichkeitsentwicklung und durch fortgesetztes Literaturstudium. Doch meine Zukunft war damit noch nicht gesichert. Auch arme Menschen können glücklich sein. Mihály Csíkszentmihályi veröffentlichte in seinem Buch „Flow – das Geheimnis des Glücks", das sich wie ein Abenteuer-Roman liest, eine Studie. Diese untersuchte über viele Jahre weltweit das Glücksgefühl von Menschen und wertete die Ergebnisse aus. Seine Studienergebnisse wirkten auf mich wie eine Erleuchtung: Ich bin weder in der Lage, einen anderen Menschen glücklich zu machen, noch bin ich dafür verantwortlich. Glück ist ein Glücksgefühl, das eintritt, wenn man Ziele erreicht. Und die Studie zeigt, dass es Menschen gibt, die niemals glücklich sind, niemals das Gefühl haben, am Ziel angekommen zu sein.

Plötzlich war ich nicht mehr verantwortlich für das Glück anderer Menschen, sondern nur noch für mein eigenes. Natürlich kann man zusammen Ziele erreichen und Erfolge feiern. Doch wer wofür verantwortlich ist, ist etwas anderes. Das las ich aus dem Buch heraus. Und es hat mir eine weitere Einsicht geschenkt: Glück ist ein Gefühl, das ich selbst beeinflussen kann. Es „kommt zu mir", wenn ich es wahrnehme, beobachte, Ziele auf eine bestimmte Weise bewusst setze, Erfolge feiere.

Doch was hat das bewusste Steuern von Gefühlen mit meiner Zukunftssicherung zu tun?

Mein eigenes Glücksgefühl und die Erfahrung, dass ich mir selbst mein Glücksgefühl erarbeiten konnte, hat mir auch gezeigt, dass es im Allgemeinen darum geht, meine eigenen Gefühle zu beobachten, sie steuern und beeinflussen zu können. Das Erlebnis, dass ich durch die Arbeit mit den Büchern und den daraus resultierenden Erkenntnissen plötzlich in der Lage war, mit einem guten Gefühl zu Dingen „Nein" zu sagen, Verantwortung abzugeben, die nicht meine war, oder auch mir das Recht zu nehmen, das mir zustand, machte mich stark. Ein Beispiel sei mir an dieser Stelle gestattet, um zu zeigen, wie weit das in meinem Leben ging.

*Nach einer Hashimoto-Diagnose war es nicht möglich, mich erfolgreich mit dem **üblichen Medikament L-Thyroxin** einzustellen, dem gängigen Medikament zu dieser Diagnose. Es ging mir nicht gut damit, Wasser lagerte sich ein, ich bekam Schlafstörungen, nahm an Gewicht zu und war ständig müde. Nach Jahren vergeblicher Versuche beschloss ich, die Tabletten komplett abzusetzen, da sie mir nicht das gewünschte Ergebnis brachten, im Gegenteil. Das war keine Lebensqualität mehr. So würde ich auf Dauer irgendwann nicht mehr arbeiten können. Ich teilte meinem Hausarzt meine Entscheidung mit. Er antwortete: „Sie müssen die Tabletten bis an*

Ihr Lebensende nehmen. Wenn Sie die Tabletten absetzen, werden Sie sterben." Sarkastisch, wütend und enttäuscht antwortete ich: „Dann sterbe ich eben."

Ich wechselte den Hausarzt so lange und immer wieder, bis ich mein Ziel erreicht hatte, denn ich wollte natürlich nicht sterben. Heute habe ich einen Hausarzt, dessen Motto ist: „Wer heilt, hat recht." Ich benötige keine Tabletten mehr und es geht mir wieder gut. Doch das war ein langer Weg. Und ich war bereit, ihn mit aller Konsequenz zu gehen, alles auszuprobieren, was mir möglich erschien, um arbeitsfähig zu bleiben und meinen Verdienst selbst erarbeiten zu können.

Auf diesem Weg war ich oft unter Druck. Und ich erfuhr, was es bedeutet, die eigenen Gefühle manchmal nicht steuern zu können, weder Angst, Wut, Müdigkeit, Erschöpfung noch Freude, Intention, Begeisterung. Ich beschloss, meine Gefühle steuern zu lernen. Ich beschloss, zu lernen, meine Gefühle nicht immer zeigen zu müssen. Ohne diese Fähigkeit, so meine Erfahrung, würde meine Zukunft von anderen abhängig sein, und das wollte ich nicht. Und ich erfuhr: Wenn ich mich wohl fühlte, war ich auch nicht krank.

Wie kann ich meine Gefühle steuern, die Ruhe und die Kraft bewahren?

Die Schlafstörungen überwand ich mit MET, auch Klopftechnik genannt. Über eine Empfehlung kam ich 2005 zu einem Grundkurs in Frankfurt am Main. Die Technik faszinierte mich so, dass ich ein Jahr lang alle Kurse von Rainer Franke besuchte, der die Technik von Amerika nach Deutschland gebracht und ein Buch dazu geschrieben hatte: „Klopfen Sie sich frei".

In den Kursen und mithilfe des Buches erlernte ich die Technik. Es brauchte ein paar Monate Übung und Einzelstunden, bis ich superschnell mit Gefühlen arbeiten konnte. Seitdem kann ich tatsächlich und in Minuten negative Gefühle auflösen und gleichzeitig verstehen, wo sie herrührten. Dadurch werden sie überflüssig. Ich brauche keine Wut mehr. Ängste verwandle ich in Mut und Kraft. Zugegeben, manchmal braucht so ein Prozess Zeit. Aber es gelingt. Immer.

Funktioniert das wirklich immer? Funktioniert das für alle Fragen des Lebens? Gibt es eine wissenschaftliche Begründung dafür? Sind die Prozesse wiederholbar? Kann ich auf diese Weise auch meine Zukunft sichern? Auf der Suche nach einer wissenschaftlichen Begründung für all diese neu entdeckten Techniken und Themengebiete wurde mir das Buch: „Du bist das Placebo – Bewusstsein wird Materie" von Dr. Joe Dispenza empfohlen. Durch das Buch und ein dazu passendes Training bekam ich nicht nur eine neue Technik, eine spezielle Meditation, an die Hand, sondern auch die wissenschaftliche Begründung, warum all diese Techniken und insbesondere die Meditation funktionieren. „Dr. Joe", wie ihn seine Fans liebevoll nennen, berichtet darin seine eigene faszinierende Lebensgeschichte und wie er an sich selbst die Kraft der Meditation entdeckte. Seine eigene Heilung war für ihn selbst so wunderbar und so wundersam, dass er sein Leben der Erforschung dieser Wirkung widmete. Er legt anhand von Hirnscans und medizinischen Berichten den Beweis vor, dass und warum diese Dinge funktionieren. Damit ist mein Werkzeugkoffer für meine eigene Zukunftssicherung gut bestückt.

Meine drei Werkzeuge zur Zukunftssicherung

Mein Lebensweg hat mich über verschiedene Weiterbildungen, ein intensives Literaturstudium und den Wechsel meines Umfeldes zu einer ganz anderen Art des Denkens geführt, zu einer anderen Art der Sicht auf die Dinge. Ich habe Fähigkeiten und Techniken erlernt, von denen ich als Kind nicht zu träumen gewagt hätte. Ich löste meine Existenzangst auf und rettete mithilfe der gleichen Techniken meine Gesundheit nicht nur einmal. Heute leide ich im Alter von fast 60 Jahren weder an Existenzangst noch an schwerwiegenden gesundheitlichen Problemen, und meine Belastbarkeit ermöglicht mir Arbeitstage, an denen ich regelmäßig 14 Stunden unterwegs bin und es noch schaffe, als Autorin meine Erlebnisse aufzuschreiben.

Ich wurde oft gefragt, wie ich „das" denn mache. „Was denn?", fragte ich. „Du hast so viele Einschnitte und Ungerechtigkeiten in Deinem Leben erlebt, alles verloren, sogar beinahe Dein Leben – wie konntest Du immer wieder aufstehen?"

Hier kommt meine Antwort:

- 1. Ich habe mir niemals die Frage gestellt, OB ich wieder aufstehen würde, sondern lediglich, wie, und welches das nächste Ziel sein würde.
- 2. Ich habe Fragen gestellt, recherchiert, ein oder mehrere Bücher gelesen, um Hilfe gebeten, ausprobiert, ein Seminar besucht, mir einen Coach genommen.
- 3. Ich habe die Entscheidung getroffen, was ich als Nächstes lernen wollte, und dann so lange daran gearbeitet, bis ich das Ziel erreicht habe.

Ein Ausbilder war mal der Meinung, bei dem, was mir passiert sei, müsse ich drogensüchtig oder alkoholabhängig sein oder zumindest eine Angststörung ausgebildet haben. Nein – bin ich nicht und habe ich nicht, einfach weil ich es nicht wollte. Im Gegenteil – ich habe mir einen Glauben, eine Haltung erarbeitet, die es mir heute ermöglicht, stabil und mutig durchs Leben zu gehen:

„Gib der Vergangenheit die Ehre
und der Zukunft die Chance,
atme den Augenblick
und lebe ganz."

(Zitat: Susanne Teister)